DE L'ACTION FINIUM REGUNDORUM

DE LA
FOLLE ENCHÈRE

PAR

FL. DESJARDIN

DOCTEUR EN DROIT

AVOCAT A LA COUR D'APPEL DE PARIS

PARIS

F. PICHON, IMPRIMEUR-LIBRAIRE

14, RUE CUJAS, 14

1874

THÈSE

POUR LE DOCTORAT

(22 décembre 1874)

DE L'ACTION FINIUM REGUNDORUM

DE LA
FOLLE ENCHÈRE

PAR

FL. DESJARDIN
DOCTEUR EN DROIT
AVOCAT A LA COUR D'APPEL DE PARIS

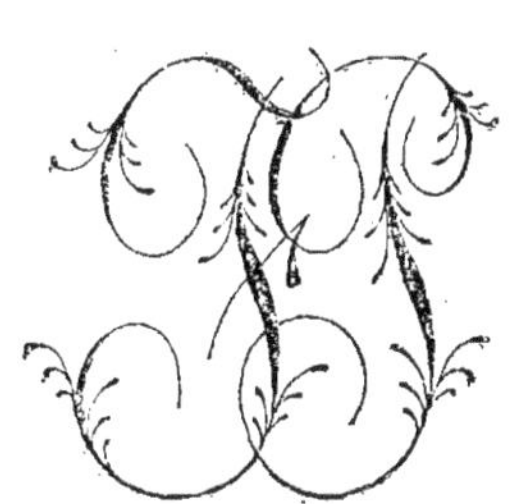

PARIS
F. PICHON, IMPRIMEUR-LIBRAIRE
14, RUE CUJAS, 14

1874

DROIT ROMAIN

DE L'ACTION FINIUM REGUNDORUM

On appelait *fines*, un espace de cinq pieds qui, d'après la loi des XII Tables, devait être maintenu entre les héritages ruraux : « *Spatium quinque pedum (quod vacuum inter duos agros erat ad accessum et circunductum aratri) usucapere jus non esto.* » Quand les voisins n'étaient pas d'accord sur la limite des *fines*, on en venait à l'action *finium regundorum*, véritable action en bornage.

Avant d'étudier la nature et les effets de cette action, recherchons comment, à l'origine de Rome, les limites de la propriété foncière étaient déterminées, reconnues, respectées.

Les premiers Romains, au lieu d'asseoir la propriété immobilière sur son véritable fondement economique qui est le travail, la considéraient comme une émanation de la puissance publique. Mais ils lui attribuaient en même temps un caractère religieux qui se manifesta notamment par le culte du dieu Terme et par la limitation solonnelle des fonds de terre.

On sait en effet que la théologie nationale des Romains s'efforça toujours de rendre sensibles et intelligibles à la foule, les phénomènes et les attributs de la divinité. Comme nous allons le voir apparaître à propos du dieu Terme et de ses fêtes appelées *Terminalia*, elle voulut les traduire en relief dans son langage; et pour les rendre plus ostensibles encore à l'esprit et aux sens, elle s'astreignit elle même à ses propres règles dans les formules, les invocations et les sacrifices qui accompagnaient ces fêtes.

C'est Numa Pompilius qui le premier établit des lois touchant les bornes de la propriété. Voici comment en parle Denys d'Halicarnasse (II ch. 21). « Afin que chacun se coñtentât de ce qu'il avait, sans envier le bien d'autrui, Numa ordonna à tous les citoyens d'arpenter les terres et d'y planter des pierres pour servir de bornes; de plus il voulut que ces pierres fussent consacrées à Jupiter Terminal. » Ce ne furent pas les lois qui garantirent d'abord le droit de propriété, mais bien la crainte des châtiments célestes; et le dieu Terme étendait sa protection sur les héritages ruraux, comme les dieux Lares sur le foyer domestique.

Les *fines* étaient donc un lieu sacré et nous avons vu comment la loi des XII Tables les déclaraient inviolables et imprescriptibles. Jamais la charrue ne devait les toucher.

A certains jours déterminés du mois et de l'année,
nous apprennent les anciens auteurs, le père de famille faisait le tour de son champ, en suivant les
fines. Il poussait devant lui des victimes qui devaient servir au sacrifice. Par cette cérémonie, il
croyait avoir éveillé la bienveillance de ses dieux à
l'égard de ses biens; il avait surtout marqué son
droit de propriété en promenant autour de son
champ son culte domestique. Le chemin qu'avaient
suivi les victimes, sur lequel avaient retenti les
hymnes et les invocations en l'honneur du dieu,
devenait la limite inviolable et sacrée du domaine;
c'étaient les *fines*.

Sur ce chemin, de distance en distance, on pla-
çait quelques grosses pierres ou quelques troncs
d'arbres, que l'on appelait des termes. On peut juger
ce que c'était que ces bornes et quelles idées s'y
attachaient, par la manière dont la piété des hommes
les posait en terre.

« Voici, dit Siculus Flaccus, ce que nos anciens
pratiquaient : ils commençaient par creuser une
petite fosse, et dressant le terme sur le bord, ils le
couronnaient de guirlandes, d'herbes et de fleurs.
Puis ils offraient le sacrifice; la victime immolée,
ils en faisaient couler le sang dans la fosse : ils y
jetaient des charbons allumés au foyer du feu
sacré, entretenu par les vestales, des grains, des
gâteaux, des fruits, un peu de vin et de miel. Quand
tout cela s'était consumé, sur les cendres encore chau-
des, on enfonçait la pierre ou le morceau de bois. »

Le *Terme* posé en terre, c'était donc, en quelque sorte, la religion domestique implantée dans le sol. On comprend dès lors comment il était sacré et inviolable ; aucune puissance au monde n'aurait pu le déplacer ; il devait rester au même endroit de toute éternité. Ce principe religieux était exprimé par une légende : Jupiter ayant voulu se faire une place sur le mont Capitolin pour y avoir un temple n'avait pas pu déposséder le dieu Terme.

Voici comment cette légende est rapportée par Ovide (Fast. II, 658 et seq) :

. . . Cantant laudes, Termine sancte, tuas.
Tu populos, urbes que, et regna ingentia finis :
   Omnis erit sine te ligiosus ager.
Nulla tibi ambitio est : nullo corrumperis auro.
   Legitima servos credita rura fide...
Quid, nova cum fierent Capitolia? nempe deorum
   Cuncta Jovi cessit turba, locum que dedit.
Terminus (ut veteres memorant) conventus in œde
   Restitit : et magno Jove templa tenet
Nunc quoque, se supra ne quid nisi sidera cernat,
   Exiguum templi tecta foramen habent.
Termine post illud levitas tibi libera non est.
   Qua positus fueris in statione, mane.
Nec tu vicino quidquam concede roganti ;
   Ne videare hominem præposuisse Jovi.
Et seu vomeribus, seu tu pulsabere rostris ;
   Clamato, meus est hic ager, ille tuus !

Les *fines* étaient donc vraiment inviolables, puisqu'il aurait fallu pour empiéter sur le champ du voisin renverser ou déplacer une borne et que cette borne était un dieu. Le sacrilége eut été horrible et le châtiment sévère ; la vieille loi romaine disait : « Que l'homme et les bœufs qui auront touché le » terme, soient dévoués ! » Cela signifiait que l'homme et les bœufs seraient immolés en expiation. La loi étrusque, parlant au nom de la religion, s'exprimait ainsi : « Celui qui aura touché ou déplacé la » borne, sera condamné par les dieux ; sa maison » disparaîtra, sa race s'éteindra ; sa terre ne produira » plus de fruits ; la grêle, la rouille, les feux de la » canicule détruiront ses moissons ; les membres du » coupable se couvriront d'ulcères et tomberont de » consomption. » Punition la plus terrible aux yeux des anciens qui considéraient l'extinction d'une famille comme la suprême vengeance des dieux (*Cmbn : Festus v° Terminus; — Script. rei agrar.*, Edit. Goez, p. 258).

A raison de ce caractère religieux, et aussi parce qu'elle exigeait quelques connaissances géométriques et une initiation particulière aux rites compliqués de l'art augural, l'opération du bornage était confiée à des personnages spéciaux appelés *agrimensores*, qui dans le principe étaient de véritables prêtres.

Ces *agrimensores* sont aussi appelés *rei agrariæ scriptores, compedatores* ou *gromatici veteres*, ces derniers noms tirés des instruments dont ils se servaient le plus habituellement (*Pes, Groma*). Les plus connus parmi eux sont Hygin et surtout Siculus Flacus qui nous a transmis une grande partie de ces détails.

On croit généralement que les augures furent les premiers *agrimensores*, dans le temps où le collége des pontifes avait la juridiction, même en matière civile. On sait d'ailleurs que les prêtres étaient seuls en possession, à la fois des secrets des sciences et de l'art augural empruntés aux Etrusques. Ce ne fut sans doute que postérieurement à la loi des Douze Tables que naquit l'art de l'arpentage et des *agrimensores*.

Les contestations sur les limites qui devaient toujours être retrouvées par des procédés techniques, étaient confiées à trois *agrimensores* qui remplissaient alors le rôle de juges arbitres dans la forme du *sacramentum* ou de la *judicis postulatio*. Nous devons ajouter, pour être exacts, que plus tard, une loi *Mamilia*, de date incertaine, remplaça ces trois arbitres par un seul ; — Mommsen croit que cette loi n'est autre que la *lex Mamilia Gaï Cæsaris*.

Si dans les controverses sur les *fines*, *l'agrimensor* jouait le rôle de juge ou d'arbitre, il en était autrement dans le cas de controverse *de loco*, c'est-à-dire quand le litige s'étendait au delà de l'espace de cinq pieds qu'on appelait les *fines*. Dans ce cas, le juge ordinaire (peut-être d'abord les centumvirs, plus tard *l'arbiter* de l'action *finium regundorun*), était compétent sur la portion de propriété et n'appelait *l'agrimensor* qu'en qualité d'expert, pour aider à retrouver les anciennes limites.

Mais alors la controverse était vidée par un juge ordinaire, d'après les principes du droit. Il en était de même quand il s'agissait de l'obligation du bornage ou de déplacement de bornes.

Les *agrimensores* jouissaient d'une considération assez grande pour que le jurisconsulte ait pu dire : « Corpus mensurarum, frumenti juxta annonnam, » urbis habent vacationem. » (Dig., L. 10 § 1, *de vacat et excus. mun*). Et une autre loi au Digeste nous apprend de plus que leurs services étaient de ceux qu'on ne regardait pas comme faisant l'objet d'un véritable louage, et qu'on récompensait non par un salaire, mais par des honoraires : « adversus menso- » rem agrorum prætor in factum actionem propo- » suit, a quo falli nos non oportet,.... Ideo autem » hanc actionem proposuit, quia non crediderunt ve- » teres, inter talem personam locationem et conduc- » tionem esse; sed magis operam beneficii loco præ » beri, et id, quod datur, ei ad remunerandum dari, » et in de *honorarium* appellari; si autem ex locato » conducto fuerit actum, dicendum erit, nec tenere » intentionem » (L. 1, pr., *Si mensor.*).

Ce dernier fragment nous montre clairement que la convention faite avec un *agrimensor* n'était pas, à moins d'une stipulation formelle, un contrat productif d'action; c'était un pacte donnant lieu en sa faveur à une *cognitio extraordinaria*. Quand celui-ci avait commis un dol: « *si mensor falsum modun dixerit*, nous dit Ulpien, le prêteur donnait contre lui une action *in factum*. »

Peu à Peu, les formalités du bornage et de la limitation des terres perdirent leur solennité et surtout leur caractère religieux. C'est ainsi qu'au moment de l'établissement de l'empire, Denys d'Halicarnasse pouvait déjà écrire : « Les Romains devraient bien » se ressouvenir encore aujourd'hui de la raison pour » laquelle les bornes out été érigées en dieux ; ils » apprendraient à se contenter de leurs propres ter- » res, sans vouloir s'emparer du bien d'autrui, par » violence ou par fraude. Mais présentement, il y » en a, qui ne mettent plus de bornes à leurs terres, » pour les séparer de celles de leurs voisins, comme » ils le devraient faire, et comme ils l'ont appris de » leurs ancêtres. Ce n'est plus la loi, mais plutôt la » cupidité qui borne les possessions. Ce qui doit » être regardé comme un grand désordre. »

C'est encore ainsi qu'à la même époque, Virgile parlait de l'antique bonne foi, disparue de la terre :

« . . . . extrema. . . . .
Justitia excedens terris. . . . »

(GEORG. II. 474).

Quoiqu'il en soit, nous voyons Octave mener à bonne fin le mesurage général de l'empire Romain entrepris par Jules César. En même temps, il faisait faire le recueil de toutes les mesures de longueur usitées dans l'étendue de l'empire, des formes de délimitation et de réglements relatifs aux limites ; et les *agrimensores*, organisés comme nous l'avons vu, en corporation ou collége, furent facilement convertis en fonctionnaires civils.

Dès lors, il ne saurait plus être question à propos de la limitation des terres de cérémonies religieuses, ni d'invocations ou de sacrifices à la divinité, non plus que de châtiments célestes. Nous nous trouvons en présence d'une action du droit civil, l'action *finium regundorum*.

Nous examinerons successivement dans quatre chapitres différents :

1° Les caractères de l'action *finium regundorum*;

2° Ses conditions d'exercice ;

3° Son objet ;

4° Ses effets.

CHAPITRE PREMIER

CARACTÈRES DE L'ACTION FINIUM REGUNDORUM

Les caractères de l'action *finium regundorum* sont multiples. Elle est *in personam;* — *pro rei vindicatione;* — arbitraire; — elle contient une adjudication; — chacune des parties y est à la fois demanderesse et défenderesse; — elle est au nombre des actions que Justinien qualifie de mixtes; — et enfin elle est imprescriptible.

Reprenons donc et analysons chacun de ces caractères.

I. L'action *finium regundorum* est une action *in personam*. En effet, l'action personnelle est celle par laquelle le demandeur se prétend investi d'un droit de créance; or, si nous voulons rechercher la cause de l'obligation dont on demande l'exécution, nous arriverons nécessairement à cette conclusion, que celui qui intente l'action *finium regundorum*, agit en qualité de créancier et soutient que son adversaire est obligé envers lui, *quasi ex contractu*, à faire limiter contradictoirement leurs fonds contigus, et à lui rembourser toutes les indemnités qu'il peut lui devoir, à raison des faits divers auxquels la confusion de limites aura pu donner naissance.

Et d'abord, il faut bien que la loi intervienne pour forcer les propriétaires à borner leurs terres, de manière que la ligne de séparation entre deux héritages voisins, soit toujours certaine et parfaitement reconnaissable. Un intérêt d'ordre public veut qu'il en soit ainsi, car ce serait la source de procès la plus abondante que l'absence de signes distinctifs, servant à marquer le point précis où finit une propriété et où commence la propriété voisine. Il résulterait de là une sorte d'indivision dont les effets seraient plus déplorables encore que celle qui peut exister entre plusieurs communistes, et que le législateur doit également chercher à faire cesser.

Aussi, de même que dans le cas d'indivision, chacun des communistes a le droit d'y mettre fin en intentant, selon les cas, soit l'action *communi dividundo*, soit l'action *familiæ erciscundæ*, de même, dans le cas de confusion de limites, chacun des propriétaires voisins a le droit de faire cesser cette confusion au moyen de l'action *finium regundorum*.

Ce droit, où le puise-t-il? Évidemment dans le même principe qui donne naissance au droit de demander la cessation de l'indivision. La loi a considéré l'indivision dans le premier cas, la confusion de limites, dans le second, commes des faits générateurs d'obligation et permettant, soit aux communistes, soit aux voisins, de s'actionner mutuellement. Car l'obligation est réciproque, et cela devait être : chacune des parties est à la fois créancière et débitrice de l'autre, et nous verrons tout à l'heure les conséquences qu'il faut en .tirer pour déterminer la nature de l'action.

Pour que l'action eût un caractère de réalité, il faudrait que le litige portât sur l'existence ou la non existence d'un droit réel au profit du demandeur; qu'un droit de propriété, par exemple, fut affirmé par l'une des parties et nié par l'autre, et que ce fut là le point à vider par le juge, la question qui lui fut posée.

Mais, bien loin que cela puisse avoir jamais lieu dans l'action *finium regundorum*, on peut affirmer, au contraire, que celui qui intente cette action reconnaît par cela même que le défendeur est propriétaire du fonds contigu. Les textes le déclarent expressément pour l'action *familiæ erciscundæ* (L. L. 36, 37, 49, 51 § 1, D. X. II.) et leur décision doit incontestablement s'étendre par identité de motifs, à l'action *finium regundorum*. Quant au défendeur, il ne conteste pas que son adversaire soit propriétaire du fonds. dont le bornage est demandé. L'une et l'autre partie, il est vrai, peuvent, dans le cours du procès, devant le juge qui leur sera nommé, soutenir que les bornes à établir devaient l'être dans telle ou telle situation, et, en conséquence, que la ligne divisoire doit être plus ou moins avancée ou reculée, ce qui étendra ou restreindra plus ou moins les limites de chacun d'eux. Par suite, le juge aura à rechercher l'é-

tendue véritable de chacune des propriétés conti-
gües; mais il n'en est pas moins vrai que l'objet
direct et immédiat de l'action est la constatation
d'un droit de créance; que c'est à titre de créanciers que les parties agissent. Le fr. 1 de Paul à
notre titre, au Digeste, ne nous laisse d'ailleurs
aucun doute à cet égard : « Finium regundorum
actio in personam est... »

II. Le jurisconsulte ajoute : «..... licet pro vindi-
« catione rei est. » C'est qu'en effet, si l'action *finium
regundorum* est conçue *in personam*, cela ne l'empêche pas d'être protectrice du droit de propriété.
Qu'importe, comme le fait si justement remarquer M. Bonjean dans son traité des actions,
que je dise : « Je soutiens que ce fonds est à moi
» jusqu'à telle limite, » ce qui serait une revendication, ou bien que je dise : « Je soutiens que Mœvius
» est obligé de concourir avec moi au bornage de
» nos deux propriétés, » ce qui paraît avoir été la
formule de l'action *finium regundorum*. Dans l'un
et l'autre cas, j'arrive en définitive à me faire reconnaître propriétaire jusqu'à telle limite. Sans doute,
dans la pratique, il pouvait ne pas être indifférent
d'agir par l'une ou par l'autre forme. Le demandeur,
devait en général, préférer l'action *finium regundorum*, soit parce que d'après l'énoncé même de
cette action, la preuve à faire était moins difficile
que s'il eût agi par revendication; soit parce que
l'arbitre chargé du bornage pouvait substituer à la
limite réelle, une limite plus facile à reconnaître;

mais au fond, le résultat était le même, à savoir une déclaration de propriété au profit du demandeur, qui peut recouvrer par l'action *finium regundorum*, aussi bien que par voie de revendication, la portion d'immeuble que lui enlevait la confusion des limites. Ainsi s'explique très-bien le fragment de Paul que les rédacteurs du Digeste ont cru devoir placer en tête de notre titre : « *Finium regun-* » *dorum actio in personam est, licet pro vindidica-* » *tione rei est.* »

III. En troisième lieu, avons nous dit, l'action est arbitraire. On appelle ainsi les actions dans lesquelles le *judex* a le droit et le devoir, avant de condamner le défendeur, d'arbitrer *ex æquo et bono*, une satisfaction que celui-ci devra fournir à son adversaire, et au moyen de laquelle il pourra éviter toute condamnation.

C'est à raison de ces inconvénients qu'a été institué l'*arbitrium* ou *jussus*, qui n'est pas autre chose qu'un moyen de coercition qui pourra, soit par la crainte d'une condamnation considérable, soit même par la force matérielle, quand l'emploi en sera possible, procurer au demandeur l'objet même de la contestation. On comprend donc facilement qu'au premier rang des actions arbitraires, figurent en masse toutes les actions réelles. Et, comme l'action *finium regundorum* joue très-souvent, ainsi que nous l'avons vu, le rôle d'une action réelle, et peut en remplir l'objet, il était tout naturel d'admettre aussi, que le juge peut rendre un *arbitrium* sur l'objet du litige.

Il y a, en outre, dans les objets qu'embrasse cette action, divers points que le juge réglera certainement mieux et avec plus de facilité, s'il lui est permis de donner aux parties des injonctions auxquelles celles-ci soient tenues d'obéir.

Les textes viennent confirmer ces inductions qui pourraient à leur défaut, se tirer de la nature même et de l'objet de notre action. Justinien, il est vrai, ne la désigne pas dans l'énumération qu'il fait des actions arbitraires (I. § 31, IV. 6). Mais cette énumération n'est pas limitative ainsi que le prouve le texte lui-même : « In his enim actionibus et ceteris » similibus, etc. » : D'ailleurs, Justinien en traitant plus loin de l'office du juge dans diverses actions (I. § 6, IV. 17) exprime bien, nous semble-t-il, le caractère arbitraire de l'action, en disant : « Si » finium regundorum actum fuerit, dispicere debet » judex etc... — Contumaciæ quoque nomine quis- » que eo judicio condemnatur ; veluti, si quis jubente » judice metiri agros passus non fuerit. »

Un fragment de Paul, au Digeste, (*nost. tit.* L. 4, § 3), vient à l'appui du texte de Justinien : « sed et » si quis judici non pareat in succidenda arbore, » vel ædificio in fine posito deponendo, parte ve » ejus, condemnabitur. »

Malgré des raisons aussi probantes, on a contesté le caractère d'action arbitraire à l'action *finium regundorum*. Voët, dans son commentaire *ad Pan-*

dectas, prétend que le jurisconsulte Paul place l'ordre du juge, non dans *l'arbitrium,* mais dans la sentence définitive. Et, à l'appui de ce raisonnement, il invoque un fragment de Celsus, (L. 13, § 1, *de re judicatâ*) qui énonce ce principe parfaitement certain, mais qui n'est nullement concluant sur la question actuelle, à savoir que toute obligation de faire, non exécutée, donne lieu à une condamnation pécuniaire.

IV. L'action *finium regundorum* est avec les deux autres actions divisoires, la seule dont la formule contienne une *adjudicatio.*

L'*adjudicatio,* nous apprend Gaïus (comm. IV, § 42), est la partie de la formule, qui donne au juge le pouvoir d'attribuer à l'une des parties un droit de propriété appartenant à l'autre, « qua per- » mittitur judici rem alicui ex litigatoribus adjudi- » care ; » elle était ainsi conçue : « *quantum adjudi-* » *cari oportet judex Titio adjudicato.* » Nous verrons plus loin comment le juge opère ces translations de propriété, à propos de notre action ; mais il importait de signaler ici ce caractère spécial à l'action *finium regundorum,* et aux deux autres actions divisoires.

V. Un cinquième caractère, propre à l'action *finium regundorum,* c'est que chacune des parties y est à la fois demanderesse et défenderesse.

Dans les cas ordinaires, on distingue un défendeur qui doit être condamné ou absous, et un demandeur qui peut ne pas réussir, mais qui dans ce cas même n'encourt aucune condamnation,

Certaines actions au contraire, autorisent le juge à condamner indistinctement l'une ou l'autre partie. On ne distingue plus sous ce rapport ni demandeur, ni défendeur. Les rôles sont confondus, et l'action au lieu d'être donnée à un demandeur contre un défendeur, semble plutôt donnée entre plusieurs parties dont la position reste égale. C'est ce qui arrive dans les trois actions *finium regundorum, familiæ erciscundæ, communi dividundo*, où le *judex* transmet à l'une des parties certains objets et la condamne en retour à payer une somme déterminée.

VI. L'action *finium regundorum* est au nombre des actions que Justinien qualifie de mixtes.

Dans le § 20 du tit. VI, liv. IV de ses Institutes, Justinien parle d'actions *quæ mixtam causam habere videntur, tam in rem quam in personam ;* et il cite comme ayant ce caractère, les actions *finium regundorum, familiæ erciscundæ* et *communi dividundo*. L'interprétation de ce passage des Institutes est un de ceux sur lesquels les commentateurs se sont le plus épuisés en conjectures de toute sorte. Les explications ont été nombreuses, et peut-être, il faut l'avouer, aucune n'est-elle satisfaisante. Quoiqu'il en soit, nous devons indiquer les principrux systèmes qui ont été présentés :

PREMIER SYSTÈME. — Les actions qui confondent ainsi les rôles de demandeur et de défendeur sont celles que Ulpien déclare mixtes : « *Mixtæ* sunt ac

» *tiones*, in quibus uterque actor est : ut puta finium
» regundorum, familiæ erciscundæ, communi di-
» vidundo. » (Loi 37, § 1, de oblig. et act., D.
L. XLIV, t. VII.) C'est dans le même sens que les
actions dont il s'agit sont qualifiées de doubles par
Gaïus : « In tribus istis duplicibus judiciis, familiæ
» erciscundæ, communi dividundo, finium regun-
» dorum, quæritur, quis actor intelligatur, quia
» par causa omnium videtur? Loi 2, § 1, *comm.*,
divid. (D. L. X., t. III.) Voilà donc un caractère
particulier que présente nos trois actions, caractère incontestable, nous l'avons signalé plus haut.
Chaque partie est à la fois demanderesse et défenderesse. Ce serait à cette particularité que feraient
allusion les mots : *Mixtam causam habere videntur*, qui par conséquent se référeraient uniquement au double rôle joué par les plaideurs. Mais
cette interprétation n'explique nullement les termes du § 20 : *mixtam causam..... tam. in rem,
quam in personam.* Pour tourner la difficulé, on
a voulu traduire ainsi notre paragraphe : « Certaines
» actions paraissent avoir une nature mixte, c'est-
» à-dire que chacune des parties y joue à la fois le
» rôle de demandeur et de défendeur; et de ces
» actions, il en est tant parmi les actions réelles que
» parmi les actions personnelles. » les mots : *tam
in rem quam in personam*, apparaissent en effet
quelquefois dans les textes avec cette signification,
notamment aux Intistutes dans le § 3 *de actionibus*
(L. IV, t. 6). Aliæ autem sunt, quas prætor, ex

» sua jurisdictione comparatas habet, tam in rem
» quam in personam... »

Telle est la première explication, mais nous devons sans hésiter, la déclarer inadmissible. En effet,
on n'a jamais pu trouver une action réelle où les
deux parties jouent ce double rôle; et ainsi que
nous l'avons dit plus haut, les trois actions énu-
mérées dans le § 20, sont toutes trois actions personnelles.

Deuxième système. — Le mot *causa*, indique le
but de l'action, ce à quoi elle tend. Il serait pris
dans le sens où les Institutes l'emploient en parlant
de la substitution pupillaire : « In pupillari substi-
tutione... unum testamentum est duarum causa-
rum, id est, duarum hereditatum. » § 2, de pupill.
subst. L. II, t. XVI).

Ces actions sont mixtes en ce sens que pour chaque partie elles peuvent aboutir à la création d'un
droit de créance. A quoi tend en effet la demande ?
— A la condamnation du défendeur d'abord, c'est-à-
dire à la création d'un droit personnel, et de plus à
une adjudication, c'est-à-dire à la création d'un
droit réel.

Cette deuxième explication, si ingénieuse qu'elle
paraisse, n'est pas plus acceptable que la précédente.
Elle donne, en effet, des mots *tam in rem quam in
personam,* une traduction forcée. Ajoutons que si
c'était le sens dans lequel nos actions sont mixtes,
on serait obligé de comprendre sous cette qualifica-
tion plusieurs actions à qui ce nom n'est jamais

donné. Ainsi la revendication, par exemple, serait une action mixte, puisqu'elle peut avoir à la fois pour objet la constatation d'un droit de propriété et une condamnation contre le défendeur. Or, il est bien certain que les trois actions divisoires sont les seules auxquelles s'applique le § 20 dont les termes sont limitatifs.

TROISIÈME SYSTÈME. — En parlant de *mixta causa*, les Instituts paraissent avoir eu en vu le résultat de l'action ; ainsi dans les trois actions divisoires qui étaient de leur nature personnelles, le juge était néanmolns autorisé exceptionnellement à transférer la propriété au moyen de l'adjudication, ce qui rapprochait beaucoup les effets de la procédure de ce qui aurait eu lieu en matière réelle, au moyen de l'*arbitrium* ou *jussus judicis*.

J'intente une revendication, et je triomphe. Qu'en résulte-t-il ? — Le juge va ordonner au défendeur de restituer le fonds que j'ai revendiqué. De même dans les actions qui nous occupent, quand le *judex* m'adjuge un fonds, il doit m'être restitué.

Il est vrai, que dans le premier cas, il y avait simplement constatation d'un droit réel préexistant, tandis qu'ici il y a création d'un droit nouveau, mais à un point de vue purement pratique, les résultats présentent beaucoup d'analogie ; ce qui prouve, dit-on, que la ressemblance entre ces deux situations avait frappé les jurisconsultes romains, c'est qu'on trouve parfois le mot « *adjudicatio* », employé pour désigner la reconnaissance d'un droit

réel préexistant. On cite à cet égard la loi 16 § 5,
D. *de pign. et hypot.* « Creditor hypothecam sibi
» per sententiam adjudicatam quemadmodum ha-
» biturus sit, quæritur : nam dominium ejus vindi-
» care non potest. Sed hypothecaria agere potest :
» et si exceptio objicietur a possessore rei judicatæ,
» replicet, *si secundum me judicatum non est.* »
Voici l'hypothèse prévue : on a constaté qu'un
créancier avait un droit d'hypothèque, et cela
par sentence du juge ; L'*intentio* étant fondée, le
juge ordonnera au défendeur de remettre la possession au demandeur, mais le défendeur prouvant
qu'il a cessé de posséder, est absous. Plus tard, le
demandeur ayant la preuve que le défendeur a re-
pris la possession de la chose, agit par l'action hypothécaire. Le défendeur lui oppose la chose jugée,
mais le demandeur aura la réplique *si secundum me
judicatum non est.* — Que peut vouloir dire dans ce
texte, le mot *adjudicatum,* si ce n'est que l'hypothèque a été reconnue, constatée par le juge ?

Pourtant, on doit l'avouer, il est assez peu raisonnable qu'on ait fait un paragraphe aux Institutes
pour exprimer cette idée. La généralité des termes
qui y sont employés indique un caractère habituel
des actions divisoires, qui est inhérent à leur nature, et non pas un accident dans leur exercice ordinaire.

Ainsi, en résumé, les trois actions citées dans le
§ 20 du livre IV des Institutes, ne devraient le nom
de « mixtes » qu'à un rapport apparent dans leur ré-

sultat avec les actions réelles. Cette interprétation ne vaut guère mieux que les deux précédentes. Sans doute, il y a entre le résultat des trois actions divisoires. et le résultat d'une action *in rem*, une analogie apparente et incontestable ; mais il faut avouer que si Justinien a été frappé de cette analogie, il l'a exprimé en termes bien divinatoires.

Quatrième système. — Les actions divisoires sont des actions *in personam*, mais le juge est appelé a trancher une question de propriété ; c'est ainsi que le jurisconsulte Paul, au Digeste (L. 1, *nost. tit.*), déclare que l'action *finium regundorum, pro rei vindicatione est.* En sorte que le demandeur peut recouvrer aussi bien que par voie de revendication, la portion d'immeuble que lui a enlevée la confusion des limites.

On invoque dans le même ordre d'idées la loi 1 § 1, *familiæ ercisc.* (Dig.). — Voici l'espèce prévue par ce texte célèbre : Une personne intente l'action *familiæ erciscundæ* ; le défendeur oppose une exception préjudicielle consistant à nier la qualité d'héritier du demandeur. Sur l'exception préjudicielle ainsi invoquée, deux résultats peuvent se produire : ou le demandeur ne possède pas, et alors il devra intenter la *petitio hereditatis* ; ou bien il possède, et alors on ne pourra le renvoyer à intenter d'abord cette aciion, car elle n'est pas donnée au possesseur. Ce sera le juge de l'action *familiæ erciscundæ* qui aura à décider si le demandeur est ou n'est pas héritier. Avec cette explication, le § 20 du livre des

Institutes aurait le sens suivant : Ces actions sont réellement *in personam*, seulement elles sont dites mixtes parce que le juge peut quelquefois avoir à statuer sur une question de propriété. (V. de Savigny, traité de Droit romain, traduction de Guenoux t. V, p. 39.)

Cette explication serait plus admissible que les autres, car si l'hypothèse à laquelle se réfère la loi 1, § 1, *fam. ercisc.*, est tout à fait exceptionnelle, on n'en peut pas dire autant de la loi 1 de notre titre, car le juge de l'action *Finium regundorum* aura fréquemment à trancher des questions de propriété.

Voilà quelques-unes des explications qui ont été proposées. On voit qu'aucune d'elles n'est satisfaisante. Le plus sage, à notre avis, est de convenir de l'obscurité de ce texte. Aussi bien n'est-il pas le seul qui, parmi les lois romaines, parvenues jusqu'à nous, soit resté inexplicable. On se souvient de l'aventure des commentateurs allemands, qui ont épuisé les trésors de leur science et de leur imagination, pour chercher à savoir ce que pouvait contenir le deuxième chef de la loi Aquilia. On a su ce qu'il contenait par la découverte du manuscrit de Gaïus.

VII. Le dernier caractère que nous avons reconnu à l'action *Finium regundorum*, c'est qu'elle n'est pas prescriptible.

Aux termes des constitutions des empereurs, toutes les actions réelles s'éteignent par la *præs-*

criptio longi temporis ; les actions personnelles, par la prescription de trente ans. Mais remarquons que l'action *finium regundorum* est d'une nature toute particulière. Elle prend sa source, non dans un fait particulier, mais dans un certain état de la propriété. Dès lors, la cause juridique qui donne naissance à cette action peut être considérée comme se renouvelant à chaque instant; de telle sorte qu'il est absolument impossible de comprendre qu'elle puisse s'évanouir par l'expiration d'un certain laps de temps. On le peut d'autant moins, que la confusion des limites produit nécessairement une foule de contestations et de querelles qui amèneront forcément les parties devant la justice, et comment celle-ci pourrait-elle refuser de trancher le nœud de toutes ces difficultés, en déterminant le point où s'arrêtent les propriétés voisines ? Or, c'est là justement le but de l'action *finium regundorum*.

Aussi, la constitution insérée au Code Théodosien (c. 4, *fin. reg.* II, 26), qui réduit à trente ans la durée de toutes les actions qui auparavant avaient une durée indéfinie, distingue-t-elle par rapport à l'action *finium regundorum*. Cette action est-elle employée comme moyen de recouvrer les parties de de terrain usurpé par le voisin, elle se prescrit par trente ans, comme la revendication, dont elle tient alors la place. Est-elle, au contraire, employée dans le seul but de faire cesser la confusion des limites, elle est imprescriptible : il serait en effet absurde qu'un laps de temps quelconque pût obliger deux voisins à vivre dans l'espèce d'indivision qui naît de l'absence de limites.

Mais Justinien ne comprenant pas les motifs qui avaient fait admettre, en cette matière, une exception au principe ordinaire de la prescription de trente ans, n'y vit qu'une « *verbosa quorumdam interpretatio*, et en conséquence, il décida que l'action *finium regundorum*, comme toute autre action personelle, s'éteindrait par le laps de trente ans. (L. 1, § 1, VII, 40).

CHAPITRE II

CONDITIONS D'EXERCICE DE L'ACTION FINIUM REGUNDORUM

Nous avons à rechercher dans ce chapitre : 1º par qui et contre qui l'action *finium regundorum* peut être intentée ; 2º dans quels cas elle peut avoir lieu.

I. Le droit d'intenter l'action *finium regundorum* résulte d'une obligation imposée à tous propriétaires voisins, et qui dérive *quasi ex contractu*, du fait de la confusion des limites, entre héritages contigus. La loi veut que cette confusion de limites, qui deviendrait nécessairement une source constante de procès, cesse le plus promptement possible et c'est dans ce but qu'elle a accordé à chaque propriétaire le droit de demander la limitation.

Ce n'est pas seulement par le propriétaire qu'elle peut être intentée. Un fragment de Paul l'accorde aussi à d'autres personnes : « Finium regundorum » actio et in agris vectigalibus, et inter eos qui » usumfructum habent, vel fructuarium et domi- » num proprietatis vicini fundi, et inter eos, qui » jure pignoris possident, competere potest. » (Dig., L. 4, *Nost., tit.*).

Cette énumération est encore incomplète, et nous pensons qu'il faut joindre aux personnes qui y sont désignées l'emphytéote, l'usager et même le possesseur qui possède *animo domini.*

Conformément à ce principe, il faut donc décider que les simples possesseurs comme le locataire, le commodataire, qui possèdent pour le compte d'autrui, ne peuvent intenter l'action, puisqu'ils n'ont pas de droit réel.

Si nous permettons l'exercice de l'action au possesseur *cum animo domini,* c'est qu'il se présente comme propriétaire et il faut lui laisser la faculté de faire respecter sa situation par les voisins quand ils ne lui contestent pas le droit de propriété.

Nous ne voyons au contraire aucune raison d'accorder l'exercice de l'action *finium regundorum* au *colonus* ou fermier.

La même loi au Digeste, § 7, refuse l'exercice de l'action à celui qui est en même temps copropriétaire d'un fonds et propriétaire exclusif de l'autre. Voici ce fragment : « Si communem fundum ego et » tu habemus, et vicinum fundum ego solus, an » finium regundorum judicium accipere possumus ? » Et scribit Pomponius, non posse (nos accipere) : » quia ego et socius meus in hac actione adversarii » esse non possumus : sed unius loco habemur. » Idem Pomponius, ne utile quidem judicium dan- » dum dicit, cum possit, qui proprium habeat, vel » communem, vel proprium fundum alienare, et sic » experiri. » Cette solution, dans tous les cas, nous paraît bien rigoureuse, car il pourra se faire précisément que cette aliénation, indiquée par Pomponius, comme un moyen sûr d'arriver à l'exercice de l'action, soit extrêmement difficile, si, par exemple les limites des deux fonds ne sont pas nettement tracées, et si, par suite, il y a incertitude sur leur contenance. Ce n'est pas alors, comme le dit le jurisconsulte, à l'exercice de l'action *finium regundorum*, qu'on pourra avoir recours *et sic experiri;* mais plutôt à l'exercice de l'action *communi dividundo.*

II. — L'action *finium regundorum* ne peut être intentée qu'à l'occasion des fonds ruraux.

Ces fonds sont, en effet, les seuls dont il soit nécessaire de marquer les limites au moyen de bornes. Dans les lieux où sont groupés des édifices, ou bien ces édifices sont adossés les uns aux autres, et alors les murs de séparation sont communs aux deux voisins, mitoyens, comme nous disons dans notre droit moderne, ou du moins, il y a deux murs appuyés l'un à l'autre, et alors la ligne de propriété est facile à déterminer; ou bien, les deux édifices voisins sont bâtis à une certaine distance l'un de l'autre, par exemple, à la distance de cinq pieds prescrite par la loi des douze tables, et, dans ce cas encore, il n'y a pas difficulté à reconnaître le point précis où s'arrêtent les deux propriétés. Mais s'il y a entre les deux édifices un espace plus considérable, comme par exemple un jardin, il est bien entendu que notre action pourra être intentée, que les édifices soient situés à la ville ou à la campagne.

De sorte que, quand on dit que l'action *finium*

regundorum ne peut s'intenter qu'à raison de fonds ruraux, et point à raison de propriétés urbaines, il faut entendre cette règle en ce sens, que des édifices voisins n'ont pas besoin d'être bornés, et que, par suite, la demande en bornage n'est pas admise à leur égard. C'est ce qu'explique fort bien le § 10 de cette même loi 4 : « Hoc judicium locum habet in » confinio prædiorum rusticorum : urbanorum, » displicuit : neque enim confines hi, sed magis » vicini dicuntur, et ex communibus parietibus » plerumque disterminantur : et ideo etsi in agris » ædificia juncta sint, locus huic actioni non erit : » et in urbe hortorum latitudine contingere potest, » ut etiam finium regundorum agi possit. »

On a opposé à ce texte un fragment d'Ulpien à notre titre (l. 2, *princ.*), qui admet l'action *finium regundorum*, pour des fonds ruraux, même lorsqu'il y a des édifices sur les limites. Voici comment s'exprime Ulpien : « Hæc actio pertinet ad prædia rus- » tica, quamvis ædificia interveniant : neque enim » multum interest, arbores quis in confinio an ædi- » ficium ponat. »

La conciliation est facile. — Paul parlait tout-à-l'heure du cas où, même à la campagne, il y aurait deux édifices adossés l'un à l'autre : « ...*etsi in agris ædificia juncta sint...* » Dans ce cas, on comprend qu'il n'y ait pas lieu à l'action *finium regundorum*, car la ligne divisoire est tout indiquée ; c'est celle qui existe par la réunion de tous les points de jonction des deux édifices, quand ces deux édifices nè sont pas séparés par un mur mitoyen.

Ulpien, au contraire, prévoit le cas où un édifice existe près de la ligne divisoire. Dans cette espèce, la position de l'édifice peut être telle qu'elle n'indique pas assez nettement la ligne séparative, et dès lors, fait remarquer Ulpien, cet édifice ne peut mettre plus d'obstacle à l'action *finium regundorum*, qu'un arbre qui serait placé sur un point quelconque de la ligne divisoire.

Il faut en outre, et bien entendu, que les propriétés soient distinctes et appartiennent à des maîtres différents. On ne pourrait sans cela comprendre l'exercice de l'action *finium regundorum*.

Il peut arriver qu'il y ait contiguïté entre plusieurs fonds et par suite qu'il y ait entre eux confusion de limites. C'est ce que suppose le texte suivant de Paul : « Non solum autem inter duos « fundos, verum etiam inter tres plures ve fundos » accipi judicium finium regundorum potest : ut- » puta, singuli plurium fundorum confines sunt, » trium forte, vel quatuor. » (D. nost. tit. l. 4, § 8.) Ce point n'offre pas de difficulté.

CHAPITRE III

Le principal objet de l'action *finium regundo-rum*, nous l'avons déjà vu, est de rechercher, de régler ou de déterminer les bornes des fonds contigus.

Mais elle comprend en outre divers autres objets qui pourraient être déduits dans d'autres actions, mais qui peuvent aussi se présenter accessoirement dans l'instance en réglement de limites. Ainsi :

1° Des plantations ou constructions ont pu être faites sur un fonds, qui empiètent sur la propriété voisine. Le juge, comme nous l'apprend ce fragment de Paul, pourra en ordonner la démolition : « Sed et si quis judicio non pareat in succidenda » arbore, vel ædificio in fine posito deponendo, » parte ve ejus, condemnabitur. » (L. 4, § 3, D. nost. tit.)

2° La ligne séparative des deux fonds peut présenter une disposition vicieuse, en ce sens qu'elle forme ou des courbes ou des coudes qui peuvent gêner l'exploitation et qu'il importe, par conséquent, de faire disparaître. On y arrivera au moyen d'une nouvelle délimitation, à laquelle procédera l'arbitre, et qu'il confirmera au moyen *d'adjudicationes* qui transporteront la propriété à l'une ou à l'autre partie, conformément à cette nouvelle délimitation adoptée. Et si, de ces nouvelles limites, il résulte quelque préjudice pour l'une des parties, une indemnité lui sera allouée, au moyen d'une *condemnatio* prononcée contre l'autre. (L. 2, § 1, 3, D. nost. tit.)

3° Gaïus nous montre un autre obiet de l'action *finium regundorum*, dans un fragment au Digeste, le dernier à notre titre : « Sciendum est, in actione » finium regundorum illud observandum esse, quod, » ad exemplum quodammodo ejus legis scriptum » est, quam Athenis Solon dicitur tulisse : nam » illic ita est : ἐὰν τις, etc., id est. Si quis sepem ad » alienum prædium fixerit, infoderit que, termi- » num ne excedito : si maceriam pedum relinquito ; » si vero domum, pedes duos : si sepulcrum, aut » scrobem foderit, quantum profunditatis habue- » rint, tantum spatii relinquito : si puteum, passus » latitudinem : at vero oleam, aut ficum, ab alieno » ad novem pedes plantato, cæteras arbores, ad pe- » des quinque. » Si les distances ainsi déterminées, ou toutes autres, prescrites par les réglements de police, n'ont pas été observées, le juge de l'action *finium regundorum* pourra ordonner la destruction de ce qui aurait été fait à l'encontre.

4° La confusion de limites amène une sorte d'état d'indivision, pendant lequel l'un des voisins a pu cultiver au delà de l'étendue de sa propriété, par-

tant faire des impenses ou recueillir des fruits sur
un terrain qui ne lui appartenait pas. Il naît de là
des obligations de restituer qui pourront parfaitement être réglées par le juge de l'action *finium
regundorum*. C'est ce que nous dit Paul au fr. 4,
§ 1 de notre titre au Digeste « In judicio finium re-
» gundorum etiam ejus ratio fit, quod interest. Quid
» enim, si quis aliquam utilitatem ex eo loco per-
» cepit, quem vicini esse appareat? suique dam-
» natio eo nomine fiet? » — L'équité veut, en effet,
que l'un des voisins ne se trouve pas enrichi aux
dépens de l'autre. Ainsi, toutes les fois que l'un
d'eux aura fait des dépenses utiles sur une portion
de terrain qui ne lui appartenait pas, il aura le
droit de les recouvrer contre l'autre partie. On a
voulu néanmoins contester ce principe, et soutenir
que pour que la dépense pût être répétée, il ne suf-
fisait pas qu'elle fût utile, qu'elle devait être nécessaire. En effet, dit-on, Justinien traitant de la
même obligation, dans le cas où elle peut surgir
entre communistes, ne parle que des dépenses nécessaires (Inst. de oblig. quasi ex contr. III,
XXVII, § 3). D'autre part, Ulpien au titre *de dotis
collatione*, au Digeste, l. 1, § 5, dit d'une manière
encore plus explicite : « Cum dos confertur, impen-
« sarum necessarium fit detractio, ceterarum non. »
Enfin Modestin, au titre *De negotiis gestis*, l. 27,
examine une hypothèse dans laquelle un individu
a administré un fonds rural qui lui était commun
avec son frère, mineur de vingt-cinq ans, et y a

fait faire des constructions. Ces constructions augmentent évidemment la valeur du fonds, ce sont des dépenses utiles, et néanmoins le jurisconsulte en refuse la répétition par ce motif qu'elles ont été faites *nulla re urgente*.

Toutes ces objections doivent tomber, croyons-nous, devant ce principe d'équité que le droit romain avait admis, et que Paul consacre dans le texte cité plus haut. En outre, Ulpien lui-même au titre *communi dividundo*, l. 4, § 3, accorde la répétition de toutes les impenses, sans distinction aucune. S'il a admis un autre principe au titre *de dotis collatione*, c'est que c'est là une matière spéciale qui n'a évidemment aucun rapport avec l'action *finium regundorum*. Quant à la décision de Modestin, elle intervient dans une espèce toute particulière : c'est sur le bien d'un mineur qu'il a été bâti des édifices considérables, qui ont nécessité de grandes dépenses, et on comprend qu'à raison de ces circonstances, le jurisconsulte se montre disposé à considérer ces impenses comme purement voluptuaires, *voluptatis causa factos*, dit-il. Il accorderait donc la répétition, si ces impenses présentaient quelque caractère d'utilité. Enfin, que Justinien, dans un livre élémentaire, ait écrit *necessarias impensas*, omettant ainsi, sans les exclure, les impenses seulement utiles, ce ne peut être là non plus un argument sans réplique, d'autant plus que le passage tout entier dans lequel se trouve cette expression, est purement énonciatif.

Il est, du reste, à peine besoin d'indiquer que ce n'est que dans les limites de l'utilité que les impenses auront procuré au fonds voisin qu'il est permis à celui qui a fait ces impenses de les répéter.

Outre les impenses utiles que l'on a soi-même faites sur le fonds voisin, on a le droit de réclamer au propriétaire de ce fonds les fruits qu'il aurait lui-même perçus et qui, par les opérations du bornage, se trouveraient l'avoir été sur une portion de terrain qui ne lui appartenait pas. Mais ici il y a des distinctions à faire.

Quant aux fruits perçus avant la *litis contestatio*, il faut distinguer, à leur égard, entre le possesseur de bonne et le possesseur de mauvaise foi. Celui-ci doit incontestablement restituer tous les fruits, et non-seulement ceux qu'il a perçus, mais encore ceux qu'il aurait pu percevoir, en le supposant bon administrateur. Le possesseur de bonne foi, au contraire, ne doit compte, avant la *litis contestatio*, d'aucun fruit; il les gagne tous par la perception. C'est du moins la règle dans le droit classique, car cette règle a été modifiée dans les derniers temps, et on a permis de réclamer au possesseur de bonne foi, tous les fruits qu'il n'a pas encore consommés (Inst. L. II, t. 1, § 25). La plupart des textes du Digeste ont été modifiés dans le sens de cette innovation, de sorte qu'une controverse des plus graves s'est élevée sur le point de savoir si, dans le droit classique, le possesseur de bonne foi faisait les fruits siens par la seule perception, ou bien s'il devait encore les avoir consommés.

Certains auteurs ont soutenu que Justinien n'avait fait aucune réforme, et que la solution des Institutes était bien celle qui avait été admise dans le droit classique. A l'appui de cette opinion, vient un fragment de Paul à notre titre, 1. 4, § 2, qui est ainsi conçu : « Post litem autem contestatam etiam fruc-
» tus venient in hoc judicio : nam et culpa et dolus
» exinde præstantur. Sed ante judicium percepti
» non omni modo hoc in judicium venient. Aut
» enim bona fide percepit et lucrari eum oportet,
» si eos consumpsit; aut mala fide, et condici
» oportet. »

A ce texte, on peut ajouter plusieurs autres lois du Digeste, qui toutes exigent que les fruits aient été consommés pour qu'ils puissent être retenus par le possesseur de bonne foi. Ainsi le frag. 4, § 19, au titre *de usurpat, et usucap.*, nous dit que la laine d'une brebis, et les agneaux qui en sont nés, deviennent la propriété du possesseur de bonne foi, sans qu'il ait besoin de les usucaper, mais *si consumpti sint*. Le frag. 1, § 2, au titre *de Pignoribus et hypothecis*, du jurisconsulte Papinien, suppose qu'un fonds a été donné en gage avec les fruits qu'il produisait, et ensuite vendu frauduleusement par le débiteur. Le créancier gagiste intente l'action Servienne utile contre l'acheteur de bonne foi. Peut-il par cette action l'obliger à restituer les fruits? Non, répond Papinien, dans ce texte. Mais remarquons encore qu'il n'appliqua cette solution qu'aux fruits consommés. Enfin le frag. 48 au titre *de acquirendo rerum dominio*, qui est de Paul, porte ces expressions : « Bonæ fidei emptor, non dubie, » percipiendo fructus, etiam ex aliena re, suos in- » terim facit. » Que signifient ces derniers mots, sinon que le possesseur de bonne foi n'acquiert sur les fruits qu'une propriété intérimaire, résoluble dans le cas de réclamation de la part du vrai propriétaire.

Nous ne pensons pas que cette opinion soit la bonne. Les textes sur lesquels elle s'appuie ont été évidemment interpolés. Dans le fragment de Paul à notre titre, ces mots : *si eos consumpsit*, paraissent bien avoir été ajoutés après coup. Dans les autres textes l'interpolation est encore plus visible. Le frag. 4, § 19 au titre *de usurpat. et usucap.* par exemple, se compose de deux phrases : dans l'une, où il est question de l'acquisition de la laine d'une brebis, le jurisconsulte déclare que cette acquisition a lieu pour le possesseur de bonne foi, par le fait seul de la perception : *statim emptoris fit.* Comment expliquer alors la phrase qui suit : « idem in » agnis dicendum *si consumpti sint?* » Comment concilier cette acquisition immédiate avec la nécessité de la consommation? Dans le fragment de Papinien au titre de *pignoribus et hypothecis*, comment concilier aussi la nécessité de la consommation avec cette phrase qui se lit à la fin du texte : « quod in » fructibus dissimile est, *qui nunquam debitoris*

» *fuerunt?* » Les fruits ont bien appartenu au débiteur dans l'intervalle entre la perception et la consommation. On répond, il est vrai, que dans cet intervalle, le possesseur de bonne foi a une propriété résoluble, intérimaire, et on s'appuie pour le soutenir sur le fragment de Paul : *suos interim facit.* Mais Paul a eu en vue ici le temps qui s'écoule entre la perception et la *litis contestatio.* Il ne peut avoir eu en vue une propriété intérimaire que le droit classique n'a jamais admise (frag. 41, D. *de rei vindicatione*).

La vraie doctrine se trouve exposée dans plusieurs textes, où le compilateur bysantin a oublié d'insérer son interpolation ordinaire : *si consumpti sint, si eos consumpsit,* etc. Ainsi est ce texte de Gaius, au frag. 28 du titre *de Usuris,* au Digeste : « In pe-
» cudum fructu etiam fœtus est, sicut lac, et pilus
» et lana ; itaque agni et hædi, et vituli *statim pleno*
» *jure* sunt bonæ fidei possessoris et fructuarii. »
Ici Gaius se contente de comparer la situation du possesseur de bonne foi avec celle de l'usufruitier : ailleurs, nous voyons que celle du premier est meilleure que celle du second ; car l'usufruitier ne fait les fruits siens que par la perception, et le possesseur de bonne foi les acquiert par le seul fait de leur séparation du sol (D. frag. 13, VII, 4 ; frag. 25 § 1, XXII, 1 ; frag. 48, XLI, 1).

Il faut donc admettre que le propriétaire qui aura possédé de bonne foi avant la *litis contestatio,* au-delà des limites de son fonds, pourra garder tous les fruits qu'il aura perçus, dans cet intervalle, qu'il les ait ou non consommés.

Quant aux fruits perçus après la *litis contestatio*, pas de difficulté. Personne ne doute qu'ils ne doivent être restitués par celui qui les a indûment perçus. A partir de ce moment, en effet, chacun des deux voisins a dû compter que les limites des deux fonds pourraient être reconnues en deçà de celles jusqu'où il avait précédemment joui, et s'attendre à être obligé de restituer une portion des fruits de son champ. La possession n'a pas été de bonne foi, du moins d'une manière parfaite, puisqu'il avait connaissance de la prétention de son adversaire. Il sera donc obligé de restituer les fruits.

Toutefois, même quant aux fruits perçus après la *litis contestatio*, il y a encore une certaine différence de situation entre le possesseur de bonne foi et celui qui était de mauvaise foi. Ainsi, le possesseur de bonne foi a le droit de déduire du montant intégral de sa condamnation les frais d'une récolte qui a péri. Le possesseur de mauvaise foi peut déduire, de chaque récolte, les frais qu'il a faits pour l'obtenir ; mais, si une récolte a péri, les frais ne lui en sont pas remboursés.

CHAPITRE IV

DE LA PROCÉDURE ET DES EFFETS DE L'ACTION
FINIUM REGUNDORUM

Nous examinerons successivement dans ce chapitre : 1° ce qui se passe devant le magistrat, *in jure*; 2° ce qui se passe devant le juge, *in judicio*: 3° les opérations de l'*agrimensor*; 4° l'*arbitrium* à rendre par le juge et 5° la sentence définitive.

I. Les parties doivent d'abord se rendre devant le magistrat (*in jure*), où les débats qui se produisent alors, amènent la *litis contestatio*.

C'est l'acte même de délivrance de la formule. Dans notre action, chacune des parties expose sa prétention, car nous avons vu que l'un des caractères particuliers à l'action *finium regundorum* est que *uterque reus et actor est*. Les rôles sont confondus, avons-nous dit, et l'action au lieu d'être donnée à un demandeur contre un défendeur, semble plutôt donnée entre plusieurs parties, dont la position reste égale. Chacun, en outre, produit ses exceptions et ses répliques, et la formule est rédigée conformément à ces prétentions diverses.

La *litis contestatio* fixe d'une manière invariable les éléments du procès : la question à résoudre, le juge et les parties.

Elle transforme le droit des parties et éteint leurs obligations. C'est là un point commun à toutes les actions personnelles. Quand elles sont en même temps, civiles, *in jus*, et quand le *judicium* est *legitimum*, l'obligation qui leur donne naissance s'éteint, *ipso jure*, par l'effet de la *litis contestatio*. Quand une de ces trois conditions fait défaut, l'extinction n'a lieu que *exceptionis ope*. Mais dans l'un et l'autre cas, une obligation nouvelle prend naissance : celle de subir la condamnation, *condemnari oportere*. Cette règle extrêmement remarquable s'applique incontestablement à notre action, puisqu'elle est personnelle, civile et *in jus* : mais elle n'a pas relativement a elle, toute l'importance que l'on pourrait croire. Née de l'état de confusion de limites, l'obligation du bornage existe nécessairement tant que dure cet état, et se renouvelle tous les jours ; de telle sorte que, éteinte aujourd'hui por la *litis contestatio*, elle renaît demain, si les limites sont encore dans l'état de confusion. Conséquence importante : si les parties, après la *litis contestatio*, laissent périmer l'instance, elles pourront encore intenter l'action *finium regundorum*, contrairement à ce qui a lieu en toute autre matière. Quant à l'obligation de *condemnari oportere*, elle se fixe également sur la tête des parties, et peut subsister alors même que l'obligation de bornage ne peut plus revivre. Par exemple, quand après la *litis contestatio* une des parties a aliéné le fonds à l'occasion duquel l'action avait été intentée ; ou bien quand les personnes qui le possédaient en commun, ont intenté entre elles l'action *communi dividundo*. C'est ce que nous apprend Julien (frag. 9, D. *nost. tit.*) « Judicium » finium regundorum manet, quamvis socii com- » muni dividundo egerint, vel alienaverint fun- » dum. »

C'est au moment de la *litiscontestatio*, qu'il faudra se placer pour apprécier les droits de chaque partie. De telle sorte que toutes les choses sujettes à restitution, par exemple, les portions de terrain usurpé, devront l'être en l'état où elles se trouvaient en ce moment.

En outre, à partir de la *litis contestatio*, aucune distinction n'est plus possible au point de vue de la restitution des fruits entre le possesseur de bonne et le possesseur de mauvaise foi. « Post litem con- » testatam (dit Paul. D. nost. tit., fr. 4, § 2.) etiam » fructus venient in hoc judicio : nam et culpa et » dolus exinde præstantur : sed ante judicium per- » cepti non omnimodo hoc in judicium venient : » aut enim bona fide percepit, et lucrari, eum opor- » tet, si eos consumpsit : aut mala fide, et condici » oportet. »

Enfin la *litis contestatio* interrompt le cours de la *præscriptio longi temporis* pour les portions de terrain usurpé; mais elle n'interrompt pas le cours de l'usucapion. Il est vrai que l'usucapion peut difficilement s'appliquer en cette matière, puisqu'elle exige, non seulement la bonne foi du possesseur, mais encore un juste titre. On peut supposer toutefois qu'un propriétaire a empiété sur le fonds du voisin, sans que celui-ci ait intenté l'action *finium regundorum*; il vend ensuite à un acheteur de bonne foi son fonds avec la portion de terrain qui a fait l'objet de l'empiétement, et c'est contre ce nouveau propriétaire que l'action *finium regundorum* est intentée. Dans cette hypothèse, l'usucapion peut parfaitement s'accomplir pendant le procès, *inter moras litis.*

Nous avons vu en étudiant les caractères de l'action *finium regundorum* qu'elle contenait une *adjudicatio*. Pour prononcer cette *adjudicatio*, le juge a un certain pouvoir discrétionnaire dans le cas où il y avait lieu de modifier des limites intertaines ou irrégulières. Il est probable que, le plus souvent il ne faisait, en cette matière, que sanctionner des conventions arrêtées entre les parties et établies dans leur intérêt commun. Quoiqu'il en soit, l'*adjudicatio* transportait immédiatement à la partie au profit de laquelle elle avait lieu, la propriété du terrain qui en était l'objet, mais à une condition, c'est que l'autre partie figurant au procès, fut réellement propriétaire du terrain ainsi transféré; à défaut, l'autre partie n'acquérait que la possession de bonne foi, protégée, il est vrai, par l'action publicienne contre tout autre que le vrai propriétaire, et pouvant engendrer l'usucapion.

Si plusieurs individus ayant tous des droits réels sur un même immeuble, par exemple des copropriétaires, figurent dans l'action *finium regundo-*

rum contre le propriétaire de l'immeuble voisin, ils sont considerés comme ne constituant, à eux tous, qu'une seule partie, et l'*adjudicatio* qui sera prononcée nominativement au profit de l'un d'eux seulement, profitera également aux autres, qui deviendront aussi copropriétaires du terrain adjugé, comme nous le montre Paul (frag. 4, § 5. D. nost. tit.). « Si alter fundus duorum, alter trium sit, potest
» judex uni parti adjudicare locum, de quo quæritur,
» licet plures dominos habeat : quoniam magis fun-
» do, quam personis adjudicari fines intelliguntur :
» hic autem, cum fit adjudicatio pluribus, unus-
» quisque portionem habebit, quam in fundo habet.
» et pro indiviso. » C'est là, du reste, plutôt une règle de procédure qu'une règle de fond.

II et III. Après la *litis contestatio*, on sait que l'affaire est terminée *in jure*, et qu'elle commence devant le *judex*, qui porte dans notre action le nom d'arbitre. Il en était nommé trois, comme nous l'avons dit, sous la loi des Douze Tables ; mais une loi *Mamilia* est venue décider qu'il n'y en aurait qu'un seul.

La mission de cet arbitre consiste d'abord à rechercher la limite exacte des propriétés à raison desquelles existe le litige, et pour cela il a recours à l'*agrimensor*, qui, comme nous l'apprend le fr. 8, § 1, D., *Nost. tit.*, est pour lui un expert destiné à l'assister et à lui donner son avis dans les questions relatives à son art. Voici ce texte : « Ad offi-
» cium de finibus cognoscentis pertinet, mensores

» mittere, et per eos dirimere ipsam finium quæs-
» tionem, ut æquum est, si ita res exigit, oculis-
» que suis subjectis locis. »

Les véritables limites une fois déterminées, l'arbitre peut changer, s'il y a lieu, les limites ancien-
nement établies, que ces limites soient difficiles à
reconnaître, ou qu'elles affectent des directions de
nature à gêner l'exploitation agricole. Et pour cet
objet, il peut user du pouvoir que lui confère la formule, de transférer la propriété à telle partie que
bon lui semble, au moyen d'une *adjudicatio*. Le
fr. 2, § 1, D., *nost. tit.*, de Julien, ne nous laisse
aucun doute à cet égard : « Judici finium regundo-
» rum permittitur, ut, ubi non possit dirimere
» fines, adjudicatione controversiam dirimat : et si
» forte, amovendæ veteris obscuritatis gratia, per
» aliam regionem fines dirigere judex velit, potest
» hoc facere per adjudicationem, et condemnatio-
» nem. »

La mission de cet arbitre consiste encore à déterminer les obligations réciproques des parties, en
tenant compte : 1º des impenses que chacune d'elles
aurait pu faire sur une portion de terrain qui ne
lui appartenait pas ; 2º des fruits qu'elle pourrait
avoir perçus indûment, conformément aux distinctions ci-dessus énoncées ; 3º des indemnités qu'elles
peuvent se devoir à raison du bénéfice résultant,
pour l'une d'elles, des adjudications prononcées par
le juge ; 4º des honoraires dus à l'*agrimensor* ; et
5º des autres frais nécessités par le bornage,

comme, par exemple, le placement des pierres-bornes.

IV. Tous ces points constatés, le juge rend un *jussus* ou *arbitrium* par lequel il détermine *ex æquo et bono* les diverses satisfactions que, suivant lui, les parties se doivent réciproquement.

Cet *arbitrium*, comme nous venons de le dire, a pour but, et aura ordinairement pour effet de contraindre chaque partie, par la crainte d'une condamnation considérable, à fournir aux autres parties les satisfactions que le juge a déterminées. Est-ce là le seul effet de l'*arbitrium* et sa seule sanction, ou bien faut-il l'étendre et dire qu'en cas de refus de l'une des parties, il peut être exécuté *manu militari?* Non incontestablement, si le juge a imposé au défendeur un acte juridique qui suppose nécessairement le consentement de celui qui le fait. Prenons un exemple : *Primus* revendique contre *Secundus*. Nous savons que la *litis contestatio* n'interrompt pas l'ususucapion. L'usucapion peut donc s'accomplir *inter moras litis*. C'est ce qui a lieu, nous le supposons. *Secundus* va néanmoins perdre le procès, car le juge, pour apprécier le droit du demandeur, doit se placer au moment de la *litis contestatio*. Or, *Primus* à ce moment-là était propriétaire; il doit être traité comme si on lui avait rendu justice, le jour même où il a exercé son action; aussi le juge doit-il ordonner au défendeur de retransférer la propriété, et s'il n'obéit pas, le condamner. Il est bien évident que dans cet exemple et dans toutes les hypothèses où l'*arbitrium* impose un acte juridique, il ne peut pas être question de le faire exécuter *manu militari*. La force publique ne peut pas suppléer en effet le consentement indispensable du défendeur.

Point de difficulté jusque-là; mais supposons que le juge ait ordonné par son *arbitrium* un simple acte matériel. En sera-t-il de même? Sous Justinien, il est hors de doute qu'alors l'exécution de l'*arbitrium* peut avoir lieu *manu militari*. Mais en était-il de même à l'époque classique? C'est là une des questions les plus controversées entre les interprètes du droit romain.

Dans un premier système, on conteste absolument que l'*arbitrium*, puisse jamais avoir lieu *manu militari*. On invoque en sa faveur le *frag.* 4, § 3 (D, *not. tist.*), dans lequel le jurisconsulte Paul indique, comme seule sanction, pour le cas où l'une des parties refuserait d'obéir à l'*arbitrium*, qui lui prescrit d'arracher un arbre, ou de détruire un édifice placé sur les confins, une condamnation à prononcer par le juge : « Sed et si quis judici non » pareat in succidenda arbore, vel ædificio in fine » posito deponendo, parte ve ejus, condemnabitur. » On peut y joindre le *frag.* 73 au Digeste *de fidejussoribus*, et le § 31 aux Inst. de *Actionibus*, qui ni l'un ni l'autre ne font aucunement mention de la possibilité d'exécuter la condamnation *manu militari*.

Nous pensons au contraire que l'exécution *manu malitari* a été possible dès l'époque classique et le texte 68 *de rei vindicatione* au Digeste, nous en fournit la preuve : « Qui restituere jussus, judici non » paret, contendens non posse restituere, si quidem » habeat rem, manu militari, officio judicis, ab » eo possessio transfertur : et fructuum duntaxat, » omnisque causæ nomine condemnatio fit. Si vero » non potest restituere, si quidem dolo fecit, quomi- » nus possit, is quantum adversarius in litem, sine » ulla taxatione in infinitum juraverit, damnandus » est. Si vero nec potest restituere, nec dolo fecit, » quominus possit, non pluris, quam quanti res est » id est, quanti adversarii interfuit, condemnandus » est. Hæc sententia generalis est, et ad omnia, sine » interdicta, sive actiones in rem, sive in personam » sunt, ex quibus arbitratu judicis quid restituitur, » locum habet. »

Ce texte est très-formel ; il ne présente aucune trace d'interpolation ; et les solutions qu'il indique sont parfaitement conformes aux principes.

Dès lors, il est impossible de ne pas admettre les règles qu'il consacre, d'autant plus que le texte invoqué à l'appui de l'opinion contraire, n'est pas décisif et ne contredit pas directement celui qui vient d'être cité.

Si ces textes ne parlent pas de l'exécution forcée, ce silence n'autorise certes pas, à douter de sa possibilité.

Une autre explication a été présentée par M. Demangeat, mais nous la rejetons comme pleine de subtilité.

V. Enfin, intervient la sentence définitive, qui contrairement à ce qui a lieu pour toute autre action peut porter des condamnations contre toutes les parties. Le juge recherche alors si son *arbitrium* a été exécuté, et s'il l'a été par toutes les parties. Celle des parties qui a exécuté est nécessairement absoute. Celle qui n'a pas exécuté doit être condamnée, et il ne s'agit que d'apprécier le montant de la condamnation qui doit être prononcée : c'est le *juramentum in litem* de son adversaire qui détermine le chiffre de cette condamnation, et c'est là la punition du retard que le plaideur a apporté en n'obéissant pas aux injonctions du juge. Cette sentence définitive a pour effet d'éteindre, par l'exécution l'obligation de *condemnari oportere*, qui avait été créée par la *litis contestatio*. Elle remplace cette obligation par une obligation nouvelle, qui est celle de payer le montant de la condamnation.

DROIT FRANÇAIS

DE LA FOLLE ENCHÈRE

L'art. 1184 du Code civil déclare que la condition résolutoire est toujours sous-entendue dans les contrats synallagmatiques, pour le cas où l'une des parties ne satisfera pas à son engagement.

L'art. 1654, faisant application de ce principe général au contrat de vente, décide que si l'acheteur ne paye pas le prix, le vendeur peut demander la résolution.

Dans les ventes judiciaires, le défaut de la part de l'adjudicataire d'exécuter les obligations qui lui sont imposées par le cahier des charges, entraîne la revente de l'immeuble à sa folle enchère (art. 733 et suiv., 964 c. proc. civ.).

Le droit de revente à la folle enchère présente une certaine analogie avec la résolution de la vente pour défaut de payement du prix. Cependant ce n'est pas la même chose.

D'abord, différence frappante : lorsque le vendeur poursuit l'action en résolution, il tend à faire revenir la propriété entre ses mains. Dans la folle enchère, au contraire, il s'agit de substituer au fol enchérisseur un autre adjudicataire.

En outre, la folle enchère résout bien les droits de l'adjudicataire, mais ne résout pas ses obligations, d'où il suit (art. 740 pr. civ.) que si le montant de l'adjudication nouvelle est inférieur au montant de l'adjudication primitive, le fol enchérisseur ne reste pas moins tenu de la différence, et alors même que l'adjudication serait faite pour un prix supérieur, le fol enchérisseur ne serait pas dégagé de ses obligations. Il serait inadmissible en effet, que la témérité d'un deuxième adjudicataire anéantît la responsabilité du premier.

Aussi, la procédure d'ordre qui aurait été suivie sur le premier adjudicataire est-elle maintenue sur le deuxième ; et le nouvel art. 779 du Code de procédure civile, (loi du 21 mai 1858), déclare-t-il que l'adjudication sur folle enchère intervenant dans le cours de l'ordre, et même après le règlement définitif et la délivrance des bordereaux, ne donne pas lieu à une nouvelle procédure. Seulement, le juge modifie l'état de collocation suivant les résultats de l'adjudication et rend les bordereaux exécutoires contre le nouvel adjudicataire.

La folle enchère et l'action en résolution se ressemblent, en ce que les droits de l'adjudicataire sont résolus, d'où la conséquence que les droits réels acquis du chef de l'adjudicataire sont mis à néant. Il n'y a que les baux et autres actes d'administration qui soient maintenus.

Il faut aussi en conclure que réciproquement les droits de l'adjudicataire sur la chose, droits éteints par confusion, doivent revivre, par exemple les hypothéques ou droits de servitude.

Cela a été contesté. Mais la Cour de cassation a décidé justement, à notre sens, que le fol enchérisseur a recouvré tous ces droits (24 juin 1846. Req. — D. P. 46, 1. 257). Seulement l'arrêt a établi une doctrine peu exacte, suivant nous, à savoir que 'exécution des obligations de l'adjudicataire était une condition suspensive de la transmission de la propriété à son profit, et par conséquent s'il n'exécutait pas les obligations imposées par le cahier des charges, il n'était pas devenu propriétaire.

Nous démontrerons plus loin que la théorie de la condition résolutoire du droit de l'adjudicataire est plus conforme aux principes.

Nous verrons qu'il faut considérer la folle enchère comme une résolution fondée sur l'art. 1184.

Lorsque l'adjudicataire ne paye pas, il n'y a de place qu'à la folle enchère, au cas de saisie immobilière; mais lorsqu'il s'agit de vente de biens de mineurs, on peut alors choisir entre le droit commun et la folle enchère. Cette faculté d'option a été reconnue par la jurisprudence.

De ce que la folle enchère ne se confond pas avec l'action en résolution, on a tiré cette conséquence que le droit de revendre à la folle enchère, peut être exercé alors même que l'action en résolution serait perdue ; — En d'autres termes : que l'art. 7 de la loi du 23 mars 1855, n'était pas applicable à la revente sur folle enchère.

Voilà les principes généraux qui dominent la matière et dont nous aurons à démontrer l'exactitude.

Nous examinerons dans six chapitres différents :

1° Dans quelles ventes la folle enchère est admise ;

2° Dans quels cas il y a lieu de poursuivre la revente sur folle enchère ;

3° Par qui et contre qui la revente sur folle enchère peut être poursuivie ;

4° De la procédure et des formes de l'adjudication sur folle enchère ;

5° Des effets de la folle enchère ;

6° Du droit fiscal en matière de folle enchère.

CHAPITRE PREMIER

DANS QUELLES VENTES LA FOLLE ENCHÈRE
EST-ELLE ADMISE ?

La folle enchère est admise dans les ventes judiciaires. On comprend sous cette dénomination toutes les ventes forcées ou volontaires dans lesquelles la justice intervient soit pour y procéder, soit pour les ordonner, soit pour les autoriser ; ainsi donc cette procédure pourra être employée dans les ventes sur saisie ; les ventes des biens des mineurs et des interdits, des femmes mariées sous le régime dotal ; les ventes sur conversion de saisie immobilière les ventes des biens des successions lorsqu'ils sont impartageables où qu'il s'agit de payer les dettes, ou s'il y a des héritiers incapables ; les ventes des biens des faillis ; les ventes des biens des successions bénéficiaires et des successions vacantes et celles des biens substitués (art. 733 et suiv. 629, 694, 988, 1001, 997, code pr. civ. etc.).

Il ne s'élève en cette matière qu'une question dont la solution présente quelque difficulté.

C'est celle de savoir si l'adjudicataire sur licitation qui ne paie pas est soumis à la revente sur folle enchère ?

Si l'adjudicataire est un cohéritier, la question

n'est pas douteuse. Dans ce cas en effet, la licitation comme on sait, est assimilée au partage ; et l'art. 883 du code civil en déclarant que chacun des cohéritiers est censé ne rien tenir de ses cohéritiers, a interdit, du même coup, entre cohéritiers, toute action qui impliquerait, au contraire, que l'un deux tient quelque chose des autres. C'est pourquoi il a fallu que le législateur, après avoir posé cette règle, accordât spécialement le privilège pour le payement de la soulte, et l'action privilégiée aussi pour la garantie (art. 884, 2103, § 3, 2109) ; or il n'a pas accordé la revente sur folle enchère non plus que l'action résolutoire, que nous avons déjà eu l'occasion de comparer entre elles.

Cette conclusion est d'ailleurs réclamée par d'autres motifs encore très-considérables :

« Car les partages, dit la Cour de cassation (29 déc. 1829), fixent souvent le sort et l'état de plusieurs familles ; et ils ne sauraient, sans les inconvénients les plus graves, être rescindés pour une inexécution quelconque de la part de l'un des copartageants. »

S'il en est ainsi, pourrait-on tout au moins, valablement stipuler, dans le cahier des charges par exemple, que notre adjudicataire sera soumis à la revente sur folle enchère pour défaut de payement du prix ?

Cette question, on le comprend aisément, présente un grand intérêt pratique.

Les partisans de la négative raisonnent ainsi :

D'une part l'art. 883 du Code civil est conçu en

termes absolus, impératifs; de telle sorte qu'il détermine le caractère essentiel du partage; or il ne saurait être du pouvoir des parties de changer le caractère essentiel d'un acte, tel que le législateur lui-même l'a déterminé.

On remarque d'ailleurs que le partage n'est pas une convention, comme une autre, qu'il n'émane pas absolument de la seule volonté des parties; c'est un acte qui est la conséquence nécessaire de l'état d'indivision; c'est un acte aussi qui intéresse la paix des familles, la sécurité des tiers, la stabilité des propriétés; et telles sont, en effet, les considérations d'ordre public qui ont porté le législateur à décréter la disposition de l'art. 883.

Et, à ce nouveau point de vue, on ne saurait davantage admettre que les parties puissent y déroger; d'autant plus que si une fois ces sortes de pactes étaient autorisés, ils ne manqueraient pas de devenir de style, comme on dit, dans tous les actes de partage ou de licitation; et la société se trouverait ainsi privée de tous les avantages si bien reconnus de la règle du partage déclaratif.

Malgré la gravité de ces motifs, nous ne croyons pas devoir adopter la doctrine que l'on en déduit :

C'est une règle très-essentielle à maintenir aussi, que les conventions légalement formées tiennent lieu de loi à ceux qui les ont faites (art. 1134); or, le partage est une véritable convention qui ne reçoit son existence que de la volonté commune des parties; il est vrai que c'est une convention que l'indivision rend nécessaire; mais ce n'en est pas moins évidemment une convention; donc, les différentes clauses dont elle se compose doivent faire la loi des parties.

On se récrie, en outre, que ces clauses de résolution ou de revente sur folle enchère, ne sont pas légalement formées, parce qu'elles sont contraires au caractère essentiel du partage, tel qu'il a été, d'après des considérations d'ordre public, déterminé par l'art. 883.

Mais, en ceci, nous croyons que l'on exagère la portée de cet article.

Oui, sans doute, l'art. 883 dispose que le partage est déclaratif; et de là on a conclu, avec raison, suivant nous, qu'il n'est soumis ni à la revente sur folle enchère, ni à la condition résolutoire pour défaut de payement du prix, et que les parties qui, par leur silence sur ce point, se réfèrent purement et simplement aux dispositions de la loi sur l'effet du partage, n'entendent pas dès lors non plus stipuler tacitement cette revente ou cette condition résolutoire.

Mais c'est là une conséquence naturelle seulement, et non pas essentielle de l'art. 883, que les parties ne puissent modifier par leurs conventions particulières.

C'est d'ailleurs en ce sens que la jurisprudence paraît se former; nous devons même convenir que la crainte exprimée par les partisans de la doctrine contraire, que cette clause ne devienne de style, se réalise, en effet, aussi dans la pratique; car les clauses de condition résolutoire ou de revente sur folle enchère sont maintenant insérées dans la plupart des cahiers de charges des adjudications sur licitation! Mais, après tout, n'est-ce pas assez juste? L'expérience a prouvé que les plus hardis enchérisseurs, parmi les cohéritiers, ne sont pas toujours les plus prudents, ni ceux qui mesurent le mieux leurs ressources! Faut-il donc que les cohéritiers, qui n'ont pas cru pouvoir se rendre adjudicaires, soient victimes d'un cohéritier aventureux, qui a acheté sans savoir comment il pourrait payer! Et n'est-il pas naturel et équitable que les cohéritiers cherchent à se garantir de ce danger!

Ajoutons, toutefois, qu'il est prudent que cette clause soit très-explicite. Il ne faut pas oublier que cette clause sera toujours une dérogation au droit commun; et le principe que toute dérogation au droit commun doit être rigoureusement restreinte aux cas exceptionnels pour lesquels elle a été stipulée, reçoit une application encore plus favorable quand il s'agit d'une procédure telle que la folle enchère.

Au lieu d'être un cohéritier, si l'adjudicataire est un étranger, en doit-il être de même, et cet étranger ne sera-t-il pas non plus soumis à la revente sur folle enchère?

On sait que dans ce cas l'action résolutoire est généralement admise. Il résulte, en effet, du texte de l'article 883 en même temps que du principe sur lequel il repose, que la règle du partage déclaratif ne saurait être alors appliquée.

L'art. 883, lorsqu'il dispose que chaque cohéritier est censé avoir succédé seul aux effets compris dans son lot ou à lui échus sur licitation, ne s'applique, dans son texte même, qu'aux effets échus sur licitation à chaque cohéritier.

Et il est évident que le principe essentiel de cet article c'est-à-dire le principe de la succession directe ne peut recevoir d'application qu'à l'égard d'un cohéritier et nullement à l'égard d'un étranger, d'un tiers, qui n'étant pas héritier, ne peut être censé avoir succédé, en quelque manière que se soit au défunt. D'où il suit que l'adjudication sur licitation, faite au profit d'un étranger, est une vente ordinaire qui serait, comme toute autre, soumise à l'action résolutoire pour défaut de payement du prix. Le même raisonnement peut-il donc s'appliquer à la revente sur folle enchère. M. Chauveau dans ses lois sur la procédure civile (question 2505-9º) a soutenu le contraire par les considérations suivantes :

L'art. 972 au titre des partages et licitations dit bien « qu'on se conformera pour la vente aux » formalités prescrites dans le titre de la vente des » biens immeubles appartenant à des mineurs.....» Or, nous savons déjà par l'art. 964 qu'il y a lieu à folle enchère dans la vente d'immeubles appartenants à des mineurs.

Mais on doit prendre garde que la disposition

de l'art. 972 est trop générale ; qu'elle ne peut s'entendre que des formes qui précèdent et qui consomment la vente et non de ses suites et de ses effets. En outre l'art. 973 qui prend soin de rendre communs à la matière des licitations les art. 731, 732, 963 et 965, ne dit rien de notre art. 964, le seul qui dans le titre de la vente des immeubles appartenants à des mineurs s'occupe de la folle enchère ; et puisqu'il a fallu une disposition particulière, le dernier paragraphe de l'art. 973 pour introduire la faculté de la surenchère du sixiéme, ne l'aurait-il pas fallu également pour introduire la voie de folle enchère ?

Enfin nous avons déjà vu que l'art. 964 était expressément rappelé dans l'art. 988 et que les principes de la folle enchère étaient ainsi appliqués aux ventes d'une succession acceptée sous bénéfice d'inventaire, ce que le législateur n'a pas fait pour la vente sur licitation,

Le silence du législateur dit-on, en forme de conclusion, ne permet donc pas d'appliquer à la licitation une poursuite qu'on peut regarder comme hors du droit commun.

Ce n'est là qu'un argument de texte auquel il ne convient pas à notre avis, d'attacher une trop grande valeur.

L'adjudication sur licitation prononcée au profit d'un étranger a tous les caractères d'une vente ordinaire et doit être en conséquence soumise à toutes les suites et toutes les conséquences des ventes ; elle est par exemple et comme nous l'avons déjà dit, susceptible de l'action résolutoire pour défaut de payement du prix, et nous ne voyons pas pourquoi elle ne serait pas aussi, et à cause d'un oubli fortuit du législateur, susceptible de revente sur folle enchère, procédure beaucoup plus simple et moins coûteuse que celle de l'action résolutoire.

Quoiqu'il en soit, et pour éviter toute discussion, les praticiens agissent donc sagement en stipulant toujours dans leurs cahiers des charges, que l'adjudicataire, — même lorsque c'est un étranger, — sera soumis à la revente sur folle enchère.

On s'est encore demandé si l'on ne pouvait pas admettre la folle enchère dans toutes les ventes, même non judiciaires. La rapidité de cette procédure, le peu de frais qu'elle entraîne avaient séduit de bons esprits.

L'acquéreur sur vente volontaire, disait-on, lorsqu'il ne satisfait pas au payement des bordereaux délivrés contre lui dans un ordre n'est-il pas, dans une certaine mesure, assimilable au fol enchérisseur? Sans doute, il n'a pas commis cette espèce de manquement à la foi publique dont est coupable celui qui rend illusoire une vente dont le juge était le témoin, et il n'a pas, par son enchère, empêché un autre d'acquérir; mais il a trompé la foi d'un ordre qui s'était ouvert à grands frais en présence de sa promesse de payer les bordereaux : ne doit-il donc pas aux créanciers la réparation qui entre dans le régime de la folle enchère? Les créanciers, après une attente et des frais inutiles, n'ont-ils donc pas quelques titres à être armés d'une procédure expéditive et peu dispendieuse, qui les dispense d'une saisie immobilière ou d'une action en résolution?

Ces motifs d'utilité pratique avaient même prévalu au sein de la commission de législation chargée du rapport de la nouvelle loi sur les saisies immobilières et sur les ordres; mais l'amendement qu'elle avait rédigé dans ce sens fut écarté par le conseil d'État.

CHAPITRE II

DANS QUELS CAS Y A-T-IL LIEU DE POURSUIVRE LA REVENTE SUR FOLLE ENCHÈRE?

La solution de cette question se trouve dans les termes mêmes de l'art. 713 du Code de procédure civile, qui est ainsi conçu : « Le jugement d'adju-
» dication ne sera délivré à l'adjudicataire qu'à la
» charge, par lui, de rapporter au greffier quittance
» des frais ordinaires de poursuite, et la preuve qu'il
» a satisfait aux conditions du cahier des charges
» qui doivent être exécutées avant cette délivrance.
» Faute par l'adjudicataire de faire ces justifications
» dans les vingt jours de l'adjudication, il y sera con-
» traint par la voie de la folle enchère. »

Il y a donc lieu à la revente sur folle enchère dans deux cas :

1º Quand l'adjudicataire n'a pas acquitté les frais ordinaires de poursuite ;

2º Quand il n'a pas satisfait aux conditions du cahier des charges.

§ 1. *Du non acquittement des frais.*

Notre article parle « des frais *ordinaires* de pour-suite. » Il faut en effet distinguer les frais *ordinaires* et les frais *extraordinaires*.

Les frais *ordinaires* du payement desquels l'adjudicataire doit justifier, sont ceux qui ont été faits directement pour parvenir à la vente, depuis le procès-verbal de saisie jusqu'à l'adjudication défi-nitive inclusivement.

Les frais *extraordinaires* sont tous ceux qui n'auraient pas eu lieu sans des circonstances particulières.

Ainsi, par exemple, les frais du procès-verbal de saisie, ceux de l'enregistrement, de la dénonciation des affiches, etc., sont des frais *ordinaires*; ceux, au contraire, qui sont occasionnés par des incidents, par des contestations quelconques, par l'appel des jugements intervenus sur des incidents, sont des frais *extraordinaires*.

Cette distinction est admise par tout le monde et il n'y pas de difficulté sur ce point. On a seulement prétendu qu'il fallait comprendre dans les frais *extraordinaires* le coût des *insertions* et des *affiches supplémentaires*. Nous ne croyons pas que cela soit exact; en effet, dans les frais *ordinaires* de la saisie sont nécessairement compris tous ceux qui sont formellement prévus par la loi comme pouvant entrer dans la poursuite indépendamment de tout incident; et de ce nombre sont à coup sûr ceux qui nous occupent.

En outre, bien que l'art. 697 qualifie d'*extraordinaire* l'insertion qu'il autorise, par opposition à l'insertion ordinaire et beaucoup plus restreinte qui a lieu sans la permission du juge, cette annonce ainsi que les affiches *supplémentaires*, n'en entre pas moins dans le système des formalités combinées par le législateur pour parvenir à la vente.

Dans les frais ordinaires de la saisie doivent encore être compris tous ceux que la loi permet au poursuivant de faire pour obtenir une plus grande publicité.

Ces frais, comme tous ceux qui sont nécessaires à la poursuite, sont payés par l'adjudicataire au delà de son prix; cette obligation qui incombe à l'acquéreur de payer les frais de son contrat, résulte, comme on le sait, des principes mêmes du droit civil (art, 1593 C. civ.).

Quant aux frais extraordinaires, l'art. 714 du Code de procédure, nous apprend qu'ils sont payés par privilége sur le prix, lorsqu'il en est ainsi ordonné par jugement. Mais la discussion de cet article nous entraînerait hors de notre sujet.

§ 2. *Inaccomplissement des conditions du cahier des charges.*

Nous savons déjà par l'art. 713, comment la loi impose à l'adjudicataire de satisfaire, en général, aux conditions du cahier des charges.

D'un autre côté, l'art. 733 dit de même, d'une façon générale, que « faute par l'adjudicataire d'exé- » cuter les clauses de l'adjudication, l'immeuble » sera revendu à sa folle enchère. »

Une question s'est donc élevée de savoir s'il fallait interpréter la loi à la lettre et dire que l'inexécution de toute clause de l'adjudication donnerait lieu à la poursuite de folle enchère?

On a soutenu l'affirmative sans donner d'ailleurs d'autres raisons que celles-ci, à savoir que la loi est générale, ne distingue pas, et que le mot *clauses* de l'art. 733 est tout aussi énergique et complet que les expressions *charges* et *conditions* de l'art. 713; — *clauses*, ajoutait-on, est le mot qui embrasse toutes les *conditions* ainsi que toutes les *charges*.

Nous croyons, au contraire, que telle ne peut être la volonté de la loi. Elle demande bien que l'adjudicataire ait satisfait aux conditions exigibles de l'adjudication; et pour l'ordinaire, ces conditions consistent, par exemple, en ce qu'il a été stipulé dans le cahier des charges, ou que le prix de l'adju-

dication serait consigné, ou que l'acquéreur paye-
rait par ses mains divers créanciers. Cela va de soi,
mais il nous semble que s'il s'agissait de clauses
accessoires de l'adjudication, il serait injuste de
pousser ce principe à l'extrême, et que par exemple,
ainsi qu'on l'a fait justement remarquer, une difficulté élevée sur une charge réelle, sur une *servitude*
ne saurait donner lieu à une procédure aussi rigoureuse que la folle enchère.

Il y a plus : Si le cahier des charges (et cela s'est
présenté dans la pratique), contenait deux conditions contradictoires, et qui ne puissent être exécutées cumulativement, l'adjudicataire ne pourrait
cependant encourir la folle enchère pour avoir omis
d'exécuter l'une d'elles.

Il faut enfin remarquer que notre art. 713 n'est
pas aussi absolu qu'on l'a prétendu et qu'il admet
d'autres poursuites que la revente sur folle enchère.
L'adjudicataire, y est-il dit en effet, peut être poursuivi par la voie de la folle enchère, sans préjudice
des autres voies de droit.

Ceci nous amène naturellement à examiner la
question de savoir si le fol enchérisseur peut être
poursuivi sur ses biens personnels avant ou pendant les poursuites de folle enchère?

Aux termes de l'art. 2092, C. civ., on le sait, quiconque s'est obligé *personnellement*, est tenu de
remplir son engagement sur tous ses biens présents
et à venir, mobiliers et immobiliers.

Or, l'adjudicataire s'oblige-t-il *personnellement*

envers les créanciers inscrits? L'affirmative paraît difficilement contestable.

En effet, le jugement d'adjudication forme contre l'adjudicataire un titre, qui comme tout autre, est susceptible de toutes les contraintes ordinaires et de droit. Et ce n'est pas seulement à l'égard du saisissant que l'adjudicataire se trouve personnellement obligé, en vertu du jugement de l'adjudication, mais c'est aussi envers les créanciers inscrits. Ces créanciers, à partir de la sommation qui leur est faite, de prendre communication du cahier des charges, sont en quelque sorte, parties dans la poursuite; car du jour de la mention de cette sommation en marge de la transcription de la saisie, cet acte ne peut plus être rayé que de leur consentement et ils sont appelés à la vente. Il y a donc évidemment obligation *personnelle* de la part de l'adjudicataire et, dès lors, il peut être *personnellement* poursuivi.

A l'appui de cette opinion, on peut d'ailleurs invoquer les termes de l'art. 713 que nous avons déjà cités plus haut et qui autorisent contre l'adjudicataire qui ne remplit pas les conditions de l'adjudication, les poursuites en folle enchère, *sans préjudice des autres voies de droit.*

On a toutefois soutenu le contraire en se fondant sur ce que l'adjudicataire doit, à l'égard des créanciers, être considéré comme un *tiers détenteur*, qui, n'ayant contracté aucune obligation personnelle envers les créanciers, ne peut être poursuivi que sur l'immeuble qui leur est affecté.

Cette argumentation ne nous paraîtrait vraie qu'autant qu'il serait d'abord établi que l'adjudicataire ne contracte d'obligation personnelle qu'envers le saisi et point envers les créanciers. Mais ce qui serait exact à l'égard d'un acquéreur ordinaire, parce que les créanciers sont demeurés étrangers au contrat qui l'a investi, ne nous semble pas l'être lorsqu'il s'agit d'un acquéreur sur expropriation forcée, genre de procédure par lequel les créanciers sont appelés à la vente, et rendus parties en quelque sorte au contrat qui la consomme.

La généralité des expressions de l'art. 713 *sans préjudice des autres voies de droit*, doit encore faire décider, à notre sens, que les porteurs de bordereaux de collocation ont le droit non-seulement de se faire payer sur les biens personnels de l'adjudication, par toutes les voies, même celle de la saisie immobilière, mais aussi qu'ils peuvent suivre cette procédure à l'égard de l'immeuble déjà saisi et dont le prix a été mis en distribution, s'ils ne sont pas payés. Le créancier doit être libre en effet de prendre la voie d'exécution qui lui convient le mieux.

Il faut même décider, croyons-nous, que l'adjudicataire sur saisie ne pourrait pas se prévaloir des dispositions de l'art. 2172 du Code civil pour éviter la vente sur folle enchère; car le délaissement par hypothèque ne concerne que le tiers détenteur, qui n'est pas personnellement *obligé* à la dette.

CHAPITRE III

PAR QUI ET CONTRE QUI LA REVENTE SUR FOLLE
ENCHÈRE PEUT ÊTRE POURSUIVIE

§ 1. *Par qui la revente sur folle enchère peut être poursuivie.*

L'art. 734 (Code proc., civ.), ne laisse aucun doute sur ce point. Il est ainsi conçu : « Si la folle enchère » est poursuivie avant la délivrance du jugement » d'adjudication, *celui qui poursuivra la folle en-* » *chère* se fera délivrer par le greffier un certificat » constatant que l'adjudicataire n'a point justifié » de l'acquit des conditions exigibles de l'adjudica-. » tion... »

D'une part, en effet, le législateur n'eût pas employé cette expression générale, s'il avait entendu que le créancier, qui a poursuivi la saisie immobilière, aurait seul le droit d'agir contre l'adjudicataire, par la voie de revente sur folle enchère. Il paraît même incontestable que le créancier, qui a poursuivi la saisie immobilière, ne peut être admis à l'exercice du droit de revente sur folle enchère, qu'autant qu'il y est *intéressé*; en telle sorte que si, d'après le règlement définitif entre les créanciers inscrits, il n'avait rien à prétendre sur le prix dû par l'adjudicataire, il serait non recevable à le poursuivre.

D'un autre côté, il est encore évident que si le législateur avait entendu n'accorder qu'au poursuivant, le droit de provoquer la revente sur folle enchère, il eût été fort inutile qu'il exigeât un certificat du greffier ; car l'avoué poursuivant sait bien si l'adjudicataire a payé les frais, puisque c'est précisément entre les mains de cet avoué, sans l'intervention du greffier, qu'il doit en compter le montant.

En général, le cessionnaire exerce tous les droits du cédant dont il tient la place : tous les moyens d'exécution qui appartenaient à celui-ci peuvent donc être employés par le cessionnaire à moins que la loi ne contienne à cet égard une interdiction expresse. Il suit de là que le cessionnaire d'un créancier qui avait le droit de poursuivre la revente sur folle enchère d'un immeuble, peut également recourir à cette voie d'exécution.

Lorsque plusieurs créanciers poursuivent en même temps la revente sur folle enchère, il y a lieu, nous semble-t-il, d'appliquer par analogie l'art. 719 du Code de procédure suivant lequel, en cas de concurrence, la poursuite appartient à l'avoué porteur du titre le plus ancien, et, si les titres sont de la même date, à l'avoué le plus ancien.

Au surplus, pour que cette question puisse avoir de l'intérêt, il faut supposer que deux créanciers

ont obtenu le certificat le même jour, ou ont fait signifier le même jour, avec commandement, le bordereau de collocation, ce qui, on le comprend, se
présentera rarement.

§ 2. *Contre qui la revente sur folle enchère peut être poursuivie.*

Lorsque le fol enchérisseur a transmis à un tiers,
la propriété de l'immeuble adjugé, est-ce contre ce
tiers que la revente doit être poursuivie ? — En con-
sultant l'analogie, on serait amené à résoudre la
question affirmativement. On voit, en effet dans
l'art. 2169 du Code civil, que lorsque le tiers détenteur ne remplit pas les formalités qui lui sont prescrites pour purger sa propriété, chaque créancier hypothécaire a droit de faire vendre *sur lui* l'immeuble
hypothéqué, après avoir fait signifier un commandement au débiteur originaire. Mais la simplicité et
la rapidité des formes prescrites pour la folle enchère
ne paraissent pas compatibles avec l'observation de
l'art. 2169.

Nous croyons donc que dans l'hypothése qui
vient d'être indiquée, il suffit de se conformer aux
art. 733 et suivants du Code de procédure, à l'égard
de l'adjudicataire, sauf à lui à dénoncer la poursuite
au tiers détenteur ; car nous reconnaissons à celui-ci

au moins le droit d'intervenir dans la poursuite, pour y faire valoir ses droits.

Il faut dire de même, à notre avis, que le créancier hypothécaire ayant inscription au moment de l'adjudication et auquel un bordereau de collocation a été délivré sur le premier acquéreur, conserve le droit, à défaut de payement, de poursuivre la revente de l'immeuble qui en aurait transmis la propriété à un tiers ; que ce tiers détenteur n'ayant pas pu acquérir plus de droits que ceux qu'avait lui-même le premier adjudicataire est, comme lui, soumis aux poursuites de folle enchère ; qu'il en est ainsi alors même que le second acquéreur aurait fait les notifications des art. 2183 et 2184 du Code civil, et que les délais de surenchère seraient expirés.

Il faudrait appliquer les mêmes principes et décider que la folle enchère est permise : lorsque le surenchérisseur, après une adjudication sur saisie immobilière, étant devenu adjudicataire parce que le montant de la surenchère n'a pas été couvert (art. 710 C. pr. civ.), déclare command ; qu'un ordre est ouvert sur l'acquéreur ainsi déclaré, lequel n'est, à vrai dire, qu'un acquéreur volontaire et que les bordereaux délivrés ne sont pas payés. — La production à l'ordre n'empêche pas de poursuivre la folle enchère contre l'adjudicataire et le tiers détenteur.

Lorsqu'un adjudicataire ne remplit pas les clauses de son adjudication, les reventes partielles qu'il

aurait pu consentir, quand même il resterait des
biens suffisants pour acquitter le prix principal et
les intérêts, non plus que les poursuites de saisie
immobilière, exercées par ses créanciers personnels,
ne sont pas un obstacle à la revente de la totalité
sur folle enchère.

CHAPITRE IV.

DE LA PROCÉDURE ET DES FORMES DE L'ADJUDICATION SUR FOLLE ENCHÈRE

§ 1. *De la procédure avant l'adjudication.*

Dans quel délai, la folle enchère doit-elle être requise? — Aucun texte législatif n'ayant limité l'exercice du droit de revente sur folle enchère quant à sa durée; il n'est soumis sous ce rapport qu'aux prescriptions de l'art. 2262 du Code civil.

On admet donc que le droit de poursuivre la folle enchère ne se prescrit que par trente ans.

Devant quel tribunal la folle enchère doit-elle être poursuivie? — De ce que la folle enchère n'est en réalité qu'un accessoire de la saisie immobilière, il suit nécessairement que le tribunal qui a prononcé l'adjudication donnant lieu à la revente, est le seul compétent pour connaître de cette dernière procédure. Elle doit donc être portée devant le même tribunal que celui qui a prononcé l'adjudication.

La procédure de la folle enchère, n'étant qu'un incident de la saisie immobilière et la continuation d'une procédure précédemment commencée, n'exige ni constitution d'avoué, ni élection de domicile, spéciales et nouvelles. — Il a été ainsi jugé, tout récemment, par un arrêt de la Cour de Douai en date du 15 mai 1874. (*Recueil de la jurisprudence de cette Cour*, XXXII, p. 212).

En vertu de quel titre pourra-t-on poursuivre la folle enchère? — Le titre en vertu duquel se poursuit la revente sur folle enchère est tantôt le certificat dont il est question aux art. 713 et 734 du Code de procédure, tantôt le jugement d'adjudication lui-même; et parfois les bordereaux de collocation, ou le certificat du conservateur des hypothèques, suivant les distinctions que nous allons exposer.

En somme, tout dépend du moment où se manifeste l'inexécution des charges.

D'après l'art. 713, la grosse du jugement d'adjudication qui constate le droit de l'adjudicataire ne lui est délivrée par le greffier qu'après certaines justifications.

L'adjudicataire doit en effet rapporter au greffier quittance des frais ordinaires de poursuite et la preuve qu'il a satisfait aux conditions du cahier des charges, conditions qui doivent être exécutées avant cette délivrance. Pour ces justifications la loi lui donne vingt jours. Au premier abord, la lecture de l'art. 713 pourrait faire croire que ce n'est qu'après ces vingt jours que la folle enchère sera valablement poursuivie, mais l'art. 734 établit formellement le contraire. Si l'adjudicataire n'exécute pas les charges qui devaient être accomplies même avant la délivrance de la grosse on peut poursuivre immédiatement la folle enchère ; seulement, dans cette hypothèse, le poursuivant se fera délivrer par le greffier un certificat constatant que l'adjudicataire n'a point justifié de l'acquit des conditions exigibles de l'adjudication.

Il peut y avoir opposition à la délivrance du certificat. — Dans ce cas, il sera statué à la requête de la partie la plus diligente, par le président du tribunal, en état de référé (art. 734 C. proc.)

L'adjudicataire pourrait prévenir les poursuites de folle enchère en donnant avenir à l'avoué du poursuivant pour voir dire que c'est à tort qu'il a obtenu la délivrance du certificat ; que ce certificat sera considéré comme non avenu, et qu'il ne pourra passer outre aux poursuites de folle enchère.

Dans ce cas, l'adjudicataire devrait se soumettre au payement des frais déjà faits, parcequ'il aurait à se reprocher de n'avoir pas fourni les justifications prescrites, en temps utile. Il en serait autrement si le greffier avait prématurément délivré le certificat.

Toute partie qui a le droit de suivre une demande de folle enchère, doit pouvoir former opposition à la délivrance du certificat.

Quant à la procédure, quoique ce soit un incident en matière de poursuites de saisie immobilière, cet incident ne peut pas s'agencer comme les autres, puisqu'il n'y a pas d'avoués devant le président jugeant en état de référé. Un simple acte d'avoué à avoué ne suffirait donc pas ; il faudrait une assignation donnée par la partie la plus diligente à son adversaire, par exploit d'huissier.

Dans le cas de l'art. 964, la folle enchère peut atteindre même l'adjudication faite devant notaire, mais la folle enchère sera toujours portée devant le tribunal. Le certificat qui sert de base à la folle enchère sera délivré par le notaire qui a procédé à l'adjudication tandis qu'il est délivré par le greffier quand la vente a lieu devant le tribunal.

Voilà pour le cas où la folle enchère se poursuit pour inexécution des conditions qui devaient être remplies avant la délivrance du jugement. C'est donc alors le certificat du greffier ou du notaire, qui sert de titre.

Si la folle enchère se poursuit pour inexécution des conditions qui devaient être accomplies après la délivrance de la grosse, mais avant celle des bordereaux de collocation, le titre est le jugement d'adjudication lui-même.

Les bordereaux servent de titre lorsque c'est après leur délivrance qu'il y a lieu à folle enchère.

D'après l'art. 750, l'adjudicataire est tenu de faire transcrire le jugement d'adjudication dans les quarante-cinq jours de sa date, et en cas d'appel dans les quarante-cinq jours de l'arrêt confirmatif sous peine de revente sur folle enchère. C'est alors le certificat du conservateur des hypothèques qui servira de titre pour poursuivre la folle enchère. Le créancier inscrit peut seul, en vertu de ses titres, et sans avoir obtenu un mandement de justice contre l'adjudicataire, poursuivre la revente sur folle enchère après commandement de payer.

Si il s'agissait de l'accomplissement d'une condition, qui de sa nature est postérieure à la délivrance du jugement d'adjudication, il faudrait agir, comme on l'a justement décidé, en vertu de la grosse du jugement et non en requérant un certificat que le greffier ne doit plus délivrer.

Mais, si le greffier a délivré le jugement avant l'accomplissement de ces conditions, cela n'empêche pas le créancier de réclamer et d'obtenir le certificat pour suivre la folle enchère ; il n'est astreint à se servir du jugement d'adjudication qu'autant qu'il veut contraindre l'adjudicataire à exécuter des conditions postérieures à la délivrance de ce jugement, mais antérieures à celles des bordereaux de collocation. Autrement, ce serait mettre le créancier à la merci du greffier.

Comme parmi les conditions antérieures à la délivrance du jugement, se trouvent les remboursements prescrits par l'art. 2188 du Code civil, il faut décider que la poursuite en folle enchère peut être faite pour le remboursement des frais et loyaux coûts dûs à l'acquéreur, aux termes de l'art. 2188, en vertu du certificat du greffier, quoique le jugement d'adjudication ait été délivré à l'adjudicataire, et lors même que l'adjudicataire oppose à ce remboursement une action en indemnité pour dégradation.

Lorsque l'adjudicataire n'aura pas fait transcrire

le jugement d'adjudication, comment la folle enchère pourra-t-elle être poursuivie contre lui ?

La loi est muette sur ce point ; mais nous pensons que le poursuivant devra demander au conservateur un certificat constatant que le jugement
d'adjudication n'a pas été transcrit, et le notifier à
l'adjudicataire.

On a soutenu le contraire en disant que l'expression : « *sans autre procédure ni jugement,* » de l'article 735 que nous allons essayer d'expliquer, était
contraire à toute sommation ou à toute notification.

Mais l'adjudicataire peut n'avoir pas encore obtenu du greffier l'expédition du jugement. Un appel
ignoré d'un créancier, par exemple, a pu forcément
retarder la transcription ; et cependant on portera
au crédit de l'adjudicataire un préjudice considérable, en découvrant à tous ses concitoyens qu'il
est poursuivi par la voie de la folle enchère. Au
moment où les placards qu'il aura fallu faire impri-
mer seront affichés, où les annonces envoyées aux
journaux seront insérées, le jugement sera peut-
être transcrit et l'ordre ouvert. L'adjudicataire
n'aurait eu à payer que le simple coût du certificat
et de la notification de ce certificat à son avoué, tandis qu'une telle célérité, pour ne pas dire une telle
rigueur, doublerait et triplerait les frais mis à sa
charge.

Les auteurs qui rejettent la notification disent
encore à l'appui de leur opinion, que l'art. 750 ne
l'exige pas. En procédure, on doit dire au contraire

qu'un titre doit être notifié, lorsque la loi n'en dispense pas expressément celui qui veut agir et poursuivre par la voie la plus rigoureuse.

Faut-il ajouter que l'adjudicataire pourra toujours arrêter la poursuite sur folle enchère, en suivant les prescriptons de l'art. 738, c'est-à-dire en consignant la somme fixée par le président ?

Il est également certain que les créanciers, au lieu d'user de la voie de contrainte de folle enchère contre l'adjudicataire, peuvent faire opérer la transcription, s'ils le jugent convenable. Pour atteindre ce but, ils feront sommation à l'adjudicataire de faire transcrire, ou de remettre le jugement d'adjudication au requérant, lui déclarant que, dans tel délai, une seconde expédition sera demandée et déposée au bureau du conservateur, aux frais de l'adjudicataire, qui sera tenu au remboursement.

Que veulent donc dire ces expressions, « *et sans autre procédure ni jugement* » de l'art. 735 ?

Le projet de la commission du gouvernement, soumis aux Cours royales d'alors, portait, art. 734 : *le greffier sera tenu de délivrer ce certificat nonobstant toute opposition.* Dans cet ordre d'idées, on concevait ces expressions de l'art. 735 : *sur ce certificat et sans autre procédure ni jugement.* Mais, sur les observations des commissions de la Cour de cassation et de la Chambre des pairs, on a modifié l'article 734, en exigeant une procédure et un jugement en cas d'opposition. Les expressions de l'article 735 ne sont donc plus en rapport avec ce qui précède, ou du moins on ne doit les appliquer qu'au cas où le greffier délivre son certificat sans qu'il y ait eu d'opposition ; et elles signifient alors que la résolution de la vente a lieu de plein droit, sans avoir été stipulée.

Des significations et sommations à faire au fol enchérisseur ou aux créanciers. — Dans la pratique, quand la folle enchère est poursuivie avant toute délivrance du jugement d'adjudication, on signifie à l'adjudicataire une sommation de justifier de l'acquit des conditions exigibles. Mais cette sommation n'est pas indispensable ; aucune disposition légale ne la prescrit, elle est seulement admise par l'usage ; on pourrait donc se faire délivrer immédiatement par le greffier le certificat constatant le défaut d'exécution des clauses exigibles, et poursuivre la revente sur folle enchère sans sommation préalable. Toutefois, même en ce cas, il faut, à notre sens, admettre la signification du certificat du greffier. — Il en serait de même naturellement du cerficat du conservateur des hypothèques, dans le cas prévu par l'art. 750.

Lorsqu'une opposition a nécessité une procédure en référé devant le président, la signification du jugement rendu par ce magistrat doit avoir lieu avant que ce jugement soit mis à exécution ; elle est également nécessaire pour faire courir les délais d'appel. Si le titre est le jugement d'adjudication, il faut le signifier à l'adjudicataire avec commandement. Il en est de même quand il s'agit de titres autres que le jugement et que les bordereaux de collocation.

Enfin, le créancier porteur d'un bordereau de collocation poursuit après signification de ce bordereau avec commandement; c'est la disposition formelle de notre article. Le cahier des charges de la première adjudication ne peut pas être modifié. Il faudrait pour cela le consentement formel de toutes les parties intéressées.

D'après l'art. 736, sommation doit être faite aux avoués de l'adjudicataire et au saisi d'assister à l'adjudication sur folle enchère. Cette signification doit être faite quinze jours au moins avant l'adjudication. On est d'accord pour décider que ce délai doit être un délai franc.

Rien n'indique dans notre article que la signification prescrite à l'égard du fol enchérisseur et du débiteur saisi doive être faite aussi aux créanciers inscrits. Des auteurs soutiennent cependant que cette signification serait utile si on persistait à refuser aux créanciers le droit de faire une surenchère.

L'art. 736 parle de l'avoué de l'adjudicataire, ou de celui du saisi, et il semble, d'après la rédaction de cet article, que le saisi seul doive être assigné à son domicile, s'il n'a pas d'avoué; mais il est évident que le principe est applicable à l'adjudicataire.

La Cour de Paris a décidé, par un arrêt du 5 juillet 1851 (D. P. 52. 2. 51), que la poursuite de folle

enchère constituant un incident de la saisie immobilière, on doit, lorsque le fol enchérisseur a élu
domicile chez un avoué, ne tenir compte que de ce
domicile pour ce qui concerne le commandement,
l'apposition des affiches et la sommation d'assister
à la folle enchère; et qu'on soutiendrait, à tort,
qu'il faut, en pareil cas, observer les délais de distance entre le domicile élu et le domicile réel.

Cette opinion de la Cour de Paris ne nous paraît
pas exacte. Il est en effet impossible de considérer
la signification dont parle l'art. 736, comme un incident de saisie immobilière. Une notification n'est
pas un incident; et en raisonnant par analogie, il
nous semble qu'il faut plutôt appliquer l'art. 691 et
dire que les délais de distance doivent être observés.

Il est enfin évident qu'il n'est pas nécessaire que
la sommation prescrite par notre art. 736 contienne
assignation. En effet, la loi trace pour la folle
enchère une procédure spéciale consistant, lorsque
la poursuite a lieu après la délivrance du jugement
d'adjudication : 1° Dans la signification du bordereau de collocation à l'adjudicataire, avec commandement de payer dans les trois jours; 2° dans l'apposition de nouveaux placards et l'insertion de
nouvelles annonces; 3° la signification, quinze
jours avant l'adjudication, des jour et heure de cette
adjudication au fol enchérisseur et à la partie saisie.
Ces formalités remplies, il peut être passé outre à
la nouvelle adjudication, même en l'absence des
parties.

Des nullités. — L'art, 739 prononce la nullité pour violation des formes et des délais prescrits par les art. 734, 735, 736 et 737.

Par *moyens de nullité*, il faut comprendre ceux qui tiennent *au fond* aussi bien que ceux qui sont de *pure forme*. Il n'y a pas de raison, en effet, pour que la volonté du législateur soit ici moins absolue que dans l'art. 728 du Code de procédure qui veut qu'il en soit ainsi des nullités qu'invoque le débiteur saisi. — Il résulte, du reste, clairement de la discussion préparatoire de la loi de 1841, que dans la pensée de ses rédacteurs, l'art. 739 s'applique aux nullités du *fond*. (Séance de la Chambre des Pairs, du 27 avril 1840. *Moniteur* du 28).

D'après l'art. 729, lorsque les moyens de nullité sont admis, le tribunal doit annuler la poursuite, à partir du jugement de publication et autoriser la reprise à partir de ce jugement. Mais, en matière de folle enchère, il n'y a pas de publication. La nullité frappe donc toute la procédure de folle enchère. Au surplus, cette procédure est un tout indivisible, dont les formalités sont peu compliquées.

Enfin l'art. 739 déclare que les jugements qui statueront sur les nullités pourront seuls être attaqués par la voie de l'appel. — Cette disposition a été combattue par le garde des sceaux (M. Martin), comme étant de nature à retarder indéfiniment la poursuite de folle enchère, et comme se trouvant en contradiction avec la disposition finale de l'art.

730, portant interdiction d'appeler des jugements qui statuent sur des nullités postérieures à la publication du cahier des charges. Il demandait, en conséquence, que les jugements rendus sur des nullités de cette espèce (notamment sur celles relatives à la rédaction des affiches, des annonces, etc.) fussent en dernier ressort. — Cette proposition a paru inadmissibie.

On a dit pour la repousser que, dans la procédure dont il s'agit, on ne saurait scinder la poursuite en deux périodes, ainsi que cela a lieu pour la saisie; que la rédaction des affiches et de l'annonce a ici une importance toute particulière, car elle tient lieu du cahier des charges; et que l'appel doit d'autant moins être interdit aux intéressés que ce cahier est rédigé par le poursuivant seul.

L'article fut renvoyé par la Chambre des Pairs à la commission qui persista dans sa rédaction, en se fondant, d'une part, sur ce que l'adjudicataire contre lequel on poursuit la folle enchère pour inexécution des conditions est véritablement propriétaire, tant que la résolution de son titre n'a pas été prononcée, et a, dès lors, le droit de défendre ce titre par les moyens de forme; et, d'un autre côté, sur ce que la distinction proposée par le garde des sceaux entre les moyens de forme et les moyens de fond conduirait à des conséquences fort abstraites.

§ 2. *De l'adjudication.*

Pour les formes de l'enchère et de l'adjudication, l'art. 739 renvoie aux art. 705, 706, 707 et 711, qui déterminent comment les enchères sont faites par le ministère d'avoués et à l'aide de petites bougies devant durer à peu près une minute. Si trois bougies s'éteignent sans qu'aucune enchère soit portée, l'immeuble est adjugé au poursuivant pour la mise à prix. S'il survient des enchères, chaque nouvel enchérisseur ne devient adjudicataire que si deux bougies s'éteignent après une enchère, sans qu'elle soit suivie d'une enchère nouvelle. Ces articles doivent-il être observés à peine de nullité, lors de l'adjudication sur folle enchère? — Les art. 707 et 711 portent leur sanction avec eux-mêmes; et il est constant que l'avoué qui s'est rendu adjudicataire, au moyen d'une interposition de personnes, pour le fol enchérisseur, est responsable de la nullité de l'adjudication, et doit indemniser les créanciers poursuivants du préjudice que cette nullité leur occasionne.

Quant aux art. 705 et 706, ils sont compris dans l'énumération de l'art. 715 qui prescrit, comme on sait, l'observation des formes, à peine de nullité.

L'adjudication peut être remise conformément à l'art. 703; c'est-à-dire pour *causes graves* et dûment justifiées, mais seulement sur la demande du poursuivant.

Le jugement qui prononce la remise, doit fixer de nouveau le jour de l'adjudication, qui ne peut être éloigné de moins de quinze jours, ni de plus de soixante, et ce jugement n'est susceptible d'aucun recours (art. 703 et 737.)

Aux termes de l'art. 738, le fol enchérisseur peut arrêter la poursuite de folle enchère en justifiant de l'accomplissement des conditions qu'il n'avait pas remplies jusqu'alors. Des conditions non remplies, cela suppose un payement à effectuer, quelque chose à faire que l'adjudicataire n'a pas fait; mais il est possible que l'adjudicataire ait contrevenu d'une autre manière au cahier des charges, ainsi il a coupé des bois, il a démoli des constructions avant le payement du prix, ce que le cahier des charges lui avait expressément interdit. Dans cette hypothèse, si la folle enchère était poursuivie, l'adjudicataire ne pourrait arrêter les poursuites qu'en consignant le prix intégral de l'adjudication, même pour les termes non échus ainsi que les frais de la saisie immobilière et de la folle enchère.

Il y a controverse sur le point de savoir s'il est laissé à l'appréciation des tribunaux de faire procéder ou de se refuser à l'adjudication?

D'une part, on dit en effet que l'art. 738 n'admet aucun tempérament et qu'il exige que l'adjudication soit prononcée, si l'adjudicataire ne justifie pas de l'acquit des conditions. Si l'art. 737 ajoute-t-on, permet un sursis, ce n'est dans tous les cas que sur la demande du poursuivant ; d'où il suit qu'en réalité, pour le fol enchérisseur, il n'y a d'autre moyen d'arrêter l'adjudication que de se conformer aux clauses du cahier des charges et d'acquitter les frais tels qu'ils ont été réglés par le président.

On soutient au contraire, et avec plus de raison, à notre avis, que les tribunaux ont un pouvoir discrétionnaire pour l'appréciation du mode d'acquit des conditions. Dans le cas, par exemple, où la folle enchère serait poursuivie, comme nous l'avons prévu tout à l'heure, parce que l'adjudicataire aurait coupé des bois, s'il en consignait deux fois la valeur, s'il fournissait une bonne et valable caution, les tribunaux, nous semble-t-il, devraient rejeter la demande, tout en condamnant l'adjudicataire aux dépens.

Nous croyons toutefois qu'il faut, pour que le sursis de l'adjudication soit prononcé, qu'il existe, conformément à l'art. 703, des causes graves et dûment justifiées.

L'ordonnance du président, en ce qui touche le règlement des frais prévu par notre art. 738, est-elle susceptible de recours ?

Des auteurs, assimilant ce réglement à une taxe de dépens, ont soutenu que l'opposition devant le tribunal était permise.

Il nous semble au contraire, que si le législateur avait voulu autoriser ce recours, il l'aurait sans doute dit. En outre, il ne s'agit ici que d'une simple mesure provisoire. Le président ne fait qu'une évaluation approximative; il ne taxe pas un mémoire de frais.

Nous terminerons cette section, en traitant de la question fort importante de savoir *si l'adjudication sur folle enchère peut être suivie d'une surenchère, comme l'adjudication sur saisie immobilière?*

Cette question, l'une des plus importantes de notre sujet, est surtout l'une des plus controversées en doctrine aussi bien qu'en jurisprudence.

La Cour de cassation a, depuis longtemps, adopté le parti de la négative (24 décembre 1845. D. P. 45. 1. 38. — 30 juin 1847. D. P. 47. 1. 203. etc; et dans ces derniers temps : 14 mars 1870. D. P. 70. 1. 328.)

Mais les Cours d'appel sont fort partagées. Et parmi celles qui décident dans le sens de l'affirmative règne encore la division : les unes en effet ne considèrent la surenchère comme valable qu'autant que la folle enchère n'a pas déjà elle-même été précédée d'une surenchère. C'est ainsi qu'un arrêt tout récent de la Cour de Bourges, du 8 avr. 1873 (D. P. 74, 2, 144) décide qu' « une surenchère nouvelle est inadmissible, lorsque la revente sur folle enchère a été poursuivie contre un surenchérisseur. » Les autres admettent au contraire la validité de la surenchère d'une façon absolue, quand même la folle enchère aurait déjà été précédée d'une surenchère. (V. dans ce sens : trib. Limoges 12 janvier 1847 et Bourbon-Vendée 17 sept. 1847. D. P. 47. 3. 112 et

191. — Cour de Besançon 22 sept. 1848. D. P. 49. 2. 153. — trib. de la Seine 8 mars 1860).

Avant de prendre parti dans ce grave débat, sachons ce qu'est la surenchère, et comment elle peut juridiquement se produire.

La surenchère a pour but de faire revendre aux enchères et en justice un immeuble précédemment vendu pour un prix qu'on suppose inférieur à sa valeur réelle.

Elle est née de la sollicitude qu'inspirent aux législateurs le propriétaire saisi et surtout les créanciers hypothécaires, qu'un concert frauduleux pourrait priver du véritable prix de leur gage ; aussi est-elle autorisée à la suite de toute vente soit judiciaire soit amiable.

Dans les ventes volontaires, on sait en effet, comment une surenchère du dixème peut être formée par les créanciers hypothécaires, sur les notifications qui leur sont faites ponr purger leurs hypothèques (art. 2185 C. civ.).

Dans les ventes judiciaires, qui doivent surtout nous occuper, malgré la publicité donnée aux enchères, la loi a craint que le prix de la première adjudication n'ait pas été porté à la véritable valeur de l'immeuble. Elle permet donc de faire remettre l'immeuble aux enchères, même après qu'il a été adjugé, à la charge d'offrir un prix supérieur à celui de l'adjudication. On comprend comment cette surenchère qui élève le prix de l'adjudication primitive profite aussi bien au saisi qu'aux créanciers hypothécaires.

Ce n'est pas seulement aux intéressés, aux créanciers, que la loi accorde la faculté de surenchérir, mais à toute personne, afin de faciliter une nouvelle mise aux enchères qui porte le prix à la véritable valeur de l'immeuble ou du moins à un chiffre plus rapproché de sa véritable valeur, que le prix de la première adjudication.

Avant 1841, la loi ne permettait sur vente par expropriation forcée que la surenchère du quart ; et encore, la surenchère faite, le concours aux enchères n'était admis qu'entre l'acquéreur primitif et le surenchérisseur. La nouvelle loi a élargi le principe. Elle a abaissé, du quart au sixième du prix principal, le taux de la surenchère autorisée au profit de toute personne ; et elle a garanti l'efficacité de la surenchère, en autorisant les créanciers, soit à dénoncer eux-mêmes l'acte de surenchère, à défaut par le surenchérisseur de remplir cette formalité, soit en cas de collision, fraude ou négligence, à se faire subroger dans les poursuites ; enfin, elle a admis aux droits de concourir pour la surenchère, toute personne, intéressée ou non :

« Toute personne, dit l'art. 708, pourra dans les huit jours qui suivront l'adjudication, faire, par le ministère d'un avoué, une surenchère, pourvu qu'elle soit du sixième au moins du prix principal de la vente. »

Ces principes ainsi rappelés, il nous sera plus

facile de comprendre et d'apprécier les arguments qui ont été produits de part et d'autre à l'occasion de notre question.

Voyons d'abord ceux qu'emploient les partisans de la négative pour soutenir, avec la Cour de cassation, que l'adjudication sur folle enchère ne saurait jamais être suivie de surenchère.

Les partisans de la négative donc, partent de cette idée, que la surenchère est un droit exorbitant, une exception à ce principe de notre législation qui ne permet pas de tenir en suspens la propriété ni l'exercice des droits qui s'y rattachent.

En effet, disent-ils, toute aliénation, volontaire ou judiciaire, est, en principe, définitive et irrévocable. La surenchère après adjudication, bien que déterminée par l'intérêt des créanciers, et dans la vue d'élever la valeur de l'immeuble saisi, est par conséquent une mesure exceptionnelle, puisqu'elle a pour but la dissolution d'un contrat formé en justice, et dont la nature est, en thèse générale, d'être irrévocable. Par cela même, la surenchère doit être restreinte aux cas et dans les termes où elle a été permise. Or les limites du droit de surenchérir, en ce qui concerne les adjudications sur ventes forcées sont déterminées par l'art. 708, d'après lequel, comme nous l'avons vu, la surenchère est admise dans les huit jours qui suivent l'adjudication.

Les termes de cet article et la place qu'il occupe dans le code, résistent manifestement à la pensée que la revente sur folle enchère soit elle-même susceptible de la surenchère dont cet article consacre le droit. Il est évident, en effet, que dans la pensée de la loi c'est l'adjudication définitive seule que peut frapper l'exercice de la surenchère, et seulement dans le délai de huitaine. D'où suit que ce délai, expiré sans qu'il soit survenu de surenchère, le droit de surenchérir est anéanti, et qu'ainsi il ne peut revivre *ipso jure*, parce que l'adjudicataire n'aurait pas payé le prix de l'adjudication. On fait d'ailleurs, remarquer que si la vente sur folle enchère est le résultat de l'accomplissement d'une condition résolutoire, cette condition résolutoire, tout en annulant l'adjudication qui a été faite, ne touche en rien à son existence légale, et laisse, par exemple subsister les baux consentis par le fol enchérisseur, comme cela est admis par tout le monde.

On invoque encore à l'appui de ce système des considérations puisées dans les textes :

Et d'abord dans l'art. 739, dans lequel dit-on, la loi en déterminant la poursuite à exercer faute par l'adjudicataire d'exécuter les clauses de son adjudication, se borne à rappeler les art. 705, 706, 707 et s'arrête devant les art. 708, 709, 710 relatifs à la surenchère.

Puis on cite deux textes : les art. 738 et 740. D'après le premier, le fol enchérisseur sur lequel on poursuit la revente a, jusqu'au dernier moment le droit d'arrêter cette revente, en justifiant de l'exécution des conditions de son contrat et en consignant la somme réglée par le tribunal pour le payement des frais de folle enchère.

L'art. 740, qui dispose que le fol enchérisseur sera tenu par corps de la différence de son prix d'avec celui de la revente sur folle enchère.

Or, dit-on, comment ces deux dispositions se concilieraient-elles avec la renaissance du droit de surenchérir après la revente sur folle enchère ? Evidemment si ce droit renaissait, le législateur n'eut pas accordé au fol enchérisseur celui de l'anéantir en faisant cesser les causes de la surenchère ; encore moins l'eut-il déclaré tenu par corps de la différence de son prix d'avec celui de l'adjudication. En équité, il ne pourrait être tenu que de la différence entre son prix et celui de la surenchère formée après la revente sur folle enchère, puisque la folle enchère n'aurait enlevé aux créanciers que cette dernière différence. Pourquoi donc est-il tenu de la première ? C'est que dans la pensée de la loi, il n'en peut pas légalement exister d'autre.

Et pourquoi n'en peut-il pas exister d'autre, si ce n'est que l'adjudication sur folle enchère est la consommation de la procédure, l'acte qui fixe la propriété et réalise le gage des créanciers ?

On ajoute enfin que la négative est surtout vraie lorsque l'adjudication sur folle enchère a été précédée elle-même d'une première surenchère. Ne serait-il pas inconcevable, conclut-on, qu'après trois contrats passés en face de la justice, il n'y eut encore rien de fait, et qu'il fallut passer de plus par une surenchère nouvelle ?

Malgré l'autorité des arrêts et les graves considérations qui précèdent, il nous semble qu'on n'a pu arriver à cette solution qu'en faisant une fausse application des principes du droit en matière de résolution et de surenchère.

En ce qui touche la nature de la résolution qu'entraîne après elle toute adjudication sur folle enchère, il est tout à fait contraire aux principes de prétendre que cette condition résolutoire n'a pas pour effet d'annuler l'adjudication primitive et de lui substituer l'adjudication sur folle enchère. Ce résultat n'est que l'effet ordinaire de toute condition résolutoire, comme nous avons déjà eu occasion de le constater dans nos préliminaires.

Dans une adjudication sur expropriation forcée, il ne saurait en être autrement. L'adjudicataire ne devient propriétaire que sous la condition résolutoire d'exécuter les clauses de l'adjudication dans certains délais légaux (art. 713 et 733). D'où il suit que lorsqu'il y a eu revente sur folle enchère, l'adjudication primitive est censée n'avoir jamais existé et est remplacée, en fait, par l'adjudication sur folle enchère.

Ce résultat est corroboré par l'énumération des effets mêmes de la folle enchère que nous aurons bientôt à étudier : ainsi nous verrons que les biens vendus arrivent au nouvel adjudicataire exempts de toutes les charges dont le fol enchérisseur a pu

les grever ; — que celui-là n'est tenu des intérêts de
son prix que du jour de sa propre adjudication et
non de la vente faite à celui-ci ; — que la vente sur
folle enchère se continue sur la tête du saisi, sur le
même cahier des charges et sur la première mise à
prix ; — que le fol enchérisseur est exonéré et a le
droit de réclamer les à compte fournis, si le prix de
la seconde adjudication atteint ce dont il est débiteur ; — qu'il est tenu à la restitution des fruits
comme n'ayant jamais été propriétaire et ayant
possédé de mauvaise foi ; — que le fisc ne perçoit
qu'un seul droit de mutation.

Prétendre au contraire, comme le font les partisans de la négative, que la propriété a du reposer
un instant sur la tête du fol enchérisseur par la raison que l'art. 740 le déclare tenu par corps, de la
différence entre son prix et celui de la revente sur
folle enchère ; c'est nous semble-t-il commettre une
sigulière confusion. L'adjudication subsiste si peu
que c'est précisément parce qu'elle a été résolue,
parce que l'adjudicataire a été dépossédé, qu'il y a
lieu à pénalité. Il ne faut pas perdre de vue en effet
que cette différence de prix, dont parle l'art. 740, ne
peut être réclamée qu'à titre de dommages intérêts
pour réparation d'un quasi-délit par lequel le fol
enchérisseur occasionne un préjudice au saisi et aux
créanciers ; cette différence constitue si peu une
portion du prix que les intérêts n'en sont dus que
du jour de la demande et que les créanciers du saisi,
pour le recouvrement de cette différence, ne vien-

nent plus que concurremment avec les créanciers du fol enchérisseur dans la discussion des biens de ce dernier, et si ces biens sont tous immobiliers et déjà grevés d'hypothèques au delà de leur valeur, quelle ressource restera-t-il aux créanciers du saisi?

Notre art. 740 lui-même, tout au contraire, entend si bien que le contrat judiciaire s'est évanoui d'une manière complète et absolue, qu'il refuse au fol enchérisseur l'excédant du prix s'il y en a, pour l'attribuer aux créanciers ou à la partie saisie.

Il n'est pas davantage exact de dire que le législateur a entendu indiquer le terme, la consommation de la procédure par les dispositions de cet art. 740. En effet, dans le cas d'exécution des clauses de l'adjudication sur folle enchère, il est incontestable que les intéressés auraient encore le droit de poursuivre une seconde folle enchère qui n'étant elle-même qu'un incident de la saisie immobilière, prouverait bien que la procédure se continue et n'est point terminée jusqu'au payement du prix, but extrême de l'expropriation.

Faut-il aussi répondre à cet argument que la folle enchère ne résout pas les baux consentis sans fraude? Mais on sait que le bail n'est qu'un acte d'administration qui n'est pas même inhérent à la qualité de propriétaire et que le fol enchérisseur a pu valablement consentir entre l'adjudication primitive et la poursuite de folle enchère.

Enfin indépendamment des motifs qui précèdent, pour demeurer convaincu que l'adjudication sur

folle enchère se substitue pleinement à l'adjudication primitive en la détruisant, il suffit de lire ce
passage du rapport de la loi de 1841 à la chambre des
Pairs. « Les effets de l'adjudication sur folle enchère,
soit qu'on les considère par rapport à l'adjudicataire,
soit qu'on veuille les examiner à l'égard des créanciers, doivent être les mêmes que ceux que notre
commission vous propose d'attacher à l'adjudication
primitive. Celle-ci une fois résolue, l'adjudication
sur folle enchère prend sa place. Elle devient la véritable adjudication sur saisie immobilière et en
produit tous les effets. »

Devant des principes aussi clairement posés, il
ne saurait y avoir de doute, et tout doit s'accomplir
et se continuer comme s'il n'y avait eu qu'une
seule adjudication, la première étant réputée n'a-
voir jamais existé.

En ce qui touche la nature de la surenchère :

Nous avons vu comment le droit de surenchérir
est né de la sollicitude qu'inspirent aux législateurs
le saisi et les créanciers hypothécaires qu'un concert frauduleux par exemple, pourrait priver du véritable prix de leur gage. Le législateur a si peu
considéré le droit de surenchérir comme un droit
exceptionnel, que nous savons comment il l'a autorisé à la suite de toute vente, soit amiable, soit judiciaire.

D'autre part, le droit de surenchérir a si peu le
caractère exorbitant qu'on lui prête, que lorsque le
législateur a eu à s'en occuper en dernier lieu, dans

la loi de 1841, il l'a étendu formellement aux ventes des biens des mineurs, des biens des successions bénéficiaires et des biens dotaux, pour lesquelles il y avait doute sous l'ancien texte, et il l'a rendu, en outre, comme nous le savons déjà, plus facile, et en abaissant le taux, et en appelant toute personne à concourir aux nouvelles enchères.

Il nous reste à examiner les objections que nos adversaires ont prétendu puiser dans certains textes.

Et d'abord l'argument tiré de l'art. 739 n'est pas bien sérieux. Cet article ne s'occupant que des formes à suivre pour arriver à l'adjudication sur folle enchère, n'avait qu'à renvoyer aux textes indiquant les formalités indispensables; mais nous ne voyons pas pourquoi il devait viser les art. 708, 709 et 710 relatifs à la surenchère qui n'est point une formalité ni même une suite nécessaire de la vente, mais bien un droit facultatif et dont le défaut d'exercice dans le délai légal, loin de vicier l'adjudication, la fortifie en rendant le prix définitif.

Nous ne comprenons pas davantage l'argument que l'on tire du droit que l'art. 738 donne jusqu'au dernier moment au fol enchérisseur, d'arrêter la revente en justifiant de l'exécution des conditions de son contrat; car, de deux choses l'une : le payement se fait ou ne se fait pas. Dans le premier cas, il n'y a pas de nouvelle adjudication qui donne naissance au droit de surenchère; dans le second cas, la première adjudication étant résolue par la seconde, les intéressés se trouvent en présence d'un seul contrat judiciaire, d'un seul prix qu'ils peuvent accepter ou augmenter par une surenchère.

Il y a donc lieu de décider pour la satisfaction des véritables principes de droit, pensons nous, que la surenchère est permise après une adjudication sur folle enchère.

Faut-il adopter notre solution même dans le cas ou l'adjudication sur saisie a été suivie d'une surenchère ? — On comprend bien l'hypothèse : l'adjudicataire sur surenchère n'acquittant pas son prix, la revente est poursuivie sur sa folle enchère. La troisième adjudication, l'adjudication sur la folle enchère est-elle susceptible d'une nouvelle enchère ? Nous ne voyons pas pourquoi il en serait autrement dans cette seconde hypothèse. Les raisons de décider nous semblent absolument les mêmes que dans le premier cas.

La seule objection nouvelle qui se produise alors est tirée de l'art. 710, § 2, aux termes duquel on ne peut faire deux surenchères successives relativement aux mêmes biens. Or, dit-on, puisqu'il y a eu une première surenchère après l'adjudication primitive, ne semble-t-il pas qu'une nouvelle surenchère soit irrecevable après l'adjudication sur folle enchère ? En raisonnant ainsi, on commet une confusion que nous avons déja réfutée. Voyons en effet comment le rapporteur de la loi de 1841, dont nous avons cité les termes, a apprécié l'adjudication sur folle enchère : « L'adjudication sur folle enchère efface l'adjudication sur saisie et vient la remplacer. » De telle sorte que la première surenchère disparaît avec l'adjudication sur saisie qu'elle frappait. Il ne reste donc réellement, comme dans notre première hypothèse, que l'adjudication sur folle enchère qui n'a encore été frappée d'aucune surenchère.

Ainsi, nous sommes d'avis que le droit de surenchèrir peut s'exercer, et sans distinction possible, après l'adjudication sur folle enchère.

CHAPITRE V

DES EFFETS DE LA FOLLE ENCHÈRE

Lorsque dans une vente judiciaire, l'immeuble mis aux enchères a été adjugé, c'est immédiatement et irrévocablement que le vendeur cesse d'être propriétaire, Sans doute si l'adjudicataire ne satisfait pas aux obligations que lui impose le cahier des charges, le bien pourra être revendu à sa folle enchère. Mais cette revente n'entraîne pas la résolution de la première adjudication ; elle n'a d'autre effet que d'y subsister rétroactivement un acquéreur à un autre, aux conditions et en l'état des choses originaires, sauf en certains cas, la différence des prix. Tout doit se passer au regard du vendeur et de ses créanciers comme s'il n'y avait eu réellement qu'une seule adjudication, l'adjudication originaire, et un seul adjudicataire, l'adjudicataire actuel.

Telle est la doctrine, jadis contestable, qui se trouve aujourd'hui nettement établie par la loi du 21 mai 1858 sur les ordres (nouvel art. 779 Code proc. civ.).

Mais si l'adjudication primitive n'est pas résolue il en est autrement des droits du fol enchérisseur.

Lui, n'était devenu propriétaire que sous condition résolutoire. La propriété qu'il avait acquise est considérée comme n'ayant jamais existé à son profit.

Toutefois, malgré la résolution de son droit, comme nous avons déjà eu l'occasion de le répéter, le fol enchérisseur reste soumis à ses obligations. C'est là un des côtés les plus remarquables de la folle enchère.

Nous allons développer successivement ces idées et les principales conséquences qui en découlent.

§ 1. *Substitution d'un nouvel adjudicataire au fol enchérisseur.*

Nous rattacherons à cette idée, que le nouvel adjudicataire est substitué au fol enchérisseur, la solution des questions relatives à la *transcription,* à la *garantie* et à l'*ordre.*

1º *De la transcription.* — Le jugement d'adjudication sur folle enchère doit-il être transcrit ? — Doit-il être mentionné en marge de la transcription de la première adjudication ? (art. 1 et 4 de la loi du 23 mars 1855).

Ces questions ne peuvent être résolues qu'au moyen d'une distinction. Il faut en effet supposer deux hypothèses : 1º La première adjudication a été transcrite. — Il n'est pas alors besoin de transcrire la seconde, car on sait que cette formalité a pour but d'empêcher les tiers de traiter avec l'aliénateur. Or l'aliénateur d'après la théorie ci-dessus, c'est le vendeur et non pas le fol enchérisseur. Les tiers sont donc avertis que la propriété n'appartient plus à celui dont le bien est vendu. Ils ne contracteront plus avec lui. Et d'autres termes, il n'y a pas deux aliénations, il n'y en a qu'une seule.

Il doit au contraire être fait mention du jugement de revente, en marge de la transcription de la première adjudication, puisqu'elle implique la résolution du droit du premier acquéreur. On se trouve directement sous l'application de l'art. 4 précité de la loi de 1855.

2º La première adjudication n'a pas été transcrite; la seconde devra l'être évidemment. Quant à sa mention il n'en saurait être question alors. Les résolutions ne sont pas en effet soumises au principe de publicité lorsque l'acte ou le droit qu'elles révoquent n'a pas reçu lui-même la formalité de la transcription.

Comme application de la loi du 23 mars 1855, nous traiterons encore l'importante question suivante : L'art. 7 de cette loi, aux termes duquel l'action résolutoire ne peut être exercée, après l'extinction du privilége du vendeur, au préjudice des tiers qui ont acquis des droits sur l'immeuble du chef de l'acquéreur, est-il applicable, en matière de vente publique volontaire d'immeubles, au droit de poursuivre la revente sur folle enchère pour

inexécution des clauses du cahier des charges ?
(1654, C. civ., 734, proc,).

La négative a été admise, avec raison croyons
nous, par la jurisprudence. La disposition de l'article 7 est en effet rigoureuse et malgré l'analogie
que la folle enchère présente avec l'action en résolution, il y a des différences sensibles que nous
avons indiquées et qui ne permettent pas de conclure de la perte d'un de ces droits à la perte de
l'autre.

2° *De la garantie.* — On peut supposer l'éviction
de l'adjudicataire sur folle enchère. Contre qui
pourra-t-il avoir recours en garantie? — Il tient son
droit du vendeur et nullement du fol enchérisseur.
Son garant par conséquent est celui qui lui a vendu,
et nullement l'adjudicataire imprudent sur lequel a
eu lieu la revente par folle enchère. Il ne pourra jamais s'adresser à celui-là. Le fol enchérisseur ne
peut être tenu qu'envers le propriétaire primitif et
ses créanciers hypothécaires. Cependant, dans le
cas particulier d'une expropriation forcée, on a soutenu que l'adjudicataire évincé n'avait pas de recours même contre la partie saisie; mais c'est là
une question spéciale que nous n'avons pas à traiter. Elle est étrangère à notre sujet. Cependant
nous admettriions que l'exproprié se trouve tenu,
à moins que dans le cahier des charges, il n'ait fait
des réserves touchant l'existence de son droit de
propriété.

3° *De l'ordre.* — Puisque l'adjudication primitive

est maintenue, on doit en conclure que malgré la revente à la folle enchère, il n'y aura pas lieu à une nouvelle procédure d'ordre. L'ordre, pendant ou réglé sur le prix, restera debout, sauf les remaniements qu'il pourra avoir à subir, si le prix à distribuer a été lui-même modifié dans son *quantum*.

C'est d'ailleurs ce qu'a décidé la loi du 21 mai 1858 sur la saisie immobilière et sur les ordres. Voici dans quels termes : (nouv. art. 779. C. proc.)

« L'adjudication sur folle enchère intervenant dans le cours de l'ordre, et même après le réglement définitif et la délivrance des bordereaux, ne donne pas lieu à une nouvelle procédure. Le juge modifie l'état de collocation suivant les résultats de l'adjudication, et rend les bordereaux exécutoires contre le nouvel adjudicataire. »

Cet article dit que l'adjudication sur folle enchère, ne donne pas lieu à une nouvelle procédure. Il ne faut cependant pas prendre à la lettre ces expressions ; il est plus qu'évident que les modifications à apporter à l'état des choses existant impliquent forcément l'usage de certaines procédures. La loi a simplement voulu dire qu'il n'était pas nécessaire de reprendre les choses *ab ovo* et de procéder comme s'il n'y avait rien eu de fait au moment de la seconde adjudication.

§ 2. *Résolution des droits du fol enchérisseur.*

Nous avons déjà eu souvent l'occasion d'indiquer comment, par l'effet de l'adjudication sur folle enchère, les droits du fol enchérisseur se trouvent résolus. Sans doute, la première adjudication subsiste, mais un nouvel adjudicataire est rétroactivement substitué au fol enchérisseur. Il n'est pas douteux que le fol enchérisseur se trouve n'avoir jamais été propriétaire; et les droits réels qu'il a pu consentir en cette qualité sont anéantis. La propriété passe immédiatement du vendeur au nouvel adjudicataire.

Puisque le fol enchérisseur est censé n'avoir jamais été propriétaire du bien à lui adjugé, il en résulte que les droits par lui consentis sont également résolus : *resoluto jure dantis, resolvitur jus accipientis.* Ceci n'est contesté par personne. Mais pourtant, parmi les actes que le fol enchérisseur a pu faire relativement à la chose, il en est qui ne seraient pas atteints par l'effet résolutoire de la condition : ce sont les actes d'administration, les baux par exemple. Le fol enchérisseur en effet, bien qu'il soit après l'accomplissement de la condition, reputé n'avoir jamais été propriétaire, n'en a pas moins eu en fait, la possession et la gestion de la chose. Il est impossible dès lors de ne pas le traiter comme un mandataire autorisé à faire les actes d'administration nécessaires et d'intérêt commun, et notamment les baux ; car à leur défaut, des immeubles inoccupés ou incultes subiraient forcément des détériorations. L'art. 1673 du Code civil donne sur ce point, dans un cas particulier, une décision trop raisonnable et trop utile pour qu'on hésite à la généraliser. Aux termes de cet article, lorsque le vendeur rentre dans son héritage, par l'effet du pacte de rachat, il le reprend exempt de toutes les charges et hypothèques dont l'acquéreur l'aurait grevé ; mais il est tenu d'exécuter les baux faits sans fraude par l'acquéreur. Cela est en outre confirmé par plusieurs autres dispositions du Code, notamment par les art. 695, 1429 et 1718, relatifs aux baux faits par les usufruitiers, les maris et les tuteurs, qui continuent d'être exécutés, nonobstant la cessation du droit d'administration.

De cette distinction entre les actes de disposition et les actes d'administration, il résulte évidemment que la folle enchère n'emporte pas nullité de la subrogation consentie par le fol enchérisseur, dans les droits des créanciers inscrits, au profit du prêteur des deniers qui ont servi à payer ces créanciers.

En effet, un payement avec subrogation fait par le fol enchérisseur n'a que le caractère d'un acte d'administration puisqu'il n'opère, dans la créance à laquelle s'applique le payement subrogatoire, qu'un simple changement de créancier, sans affecter en aucune façon, la situation hypothécaire de l'immeuble.

Mais quelle est l'influence de la folle enchère sur les droits réels que le fol enchérisseur pouvait avoir sur l'immeuble? Ces droits revivent-ils? C'est là une question qui a donné lieu à une grave controverse et qui mérite un sérieux examen.

Pour certains auteurs, l'adjudicataire fol enchérisseur n'est pas, comme nous l'avons prétendu, propriétaire sous condition *résolutoire*, mais seulement sous condition *suspensive*. Il est évident que ce système admis, les droits réels que pouvait avoir le fol enchérisseur, n'ont jamais été éteints puisqu'il n'a jamais été propriétaire.

Examinons donc ce système. — Les ventes forcées dit-on, sont essentiellement soumises à la condition *suspensive* du payement du prix. Telle était la règle suivie dans notre ancien droit, et la nature des choses le veut ainsi. Dans ces ventes, en effet, le payement du prix constitue l'unique but du contrat, il en forme une condition essentielle. Les vendeurs ne suivent pas, comme dans les ventes volontaires, la foi de l'acheteur ; il faut que ce dernier paye son prix ou qu'il le consigne et, s'il y manque, la chose est tenue pour *inempta*. Il s'ensuit conclut-on, que la revente sur folle enchère ne résout pas les droits du fol enchérisseur, mais qu'elle les empêche de naître ; et qu'en conséquence les droits réels que cet acquéreur avait auparavant sur l'immeuble n'ont jamais pu s'éteindre par confusion.

Il nous semble fort difficile d'expliquer la différence que l'on cherche a établir entre la vente forcée
et la vente volontaire. Celle-là aussi bien que celle-ci
constitue un contrat synallagmatique, dans lequel
l'obligation de payer le prix est corrélative à celle
de transférer la propriété. Que cette obligation soit
plus pressante et plus stricte dans les adjudications
sur saisie, qu'elle soit garantie par des mesures plus
efficaces que dans les ventes volontaires, cela est certain ; mais cette rigueur est-elle de nature à en changer le caractère? Ce n'est pas là, croyons-nous, une
raison pour transformer une condition résolutoire
en une condition suspensive.

On comprendrait en législation le système de la
condition suspensive, mais à défaut de texte, dé-
rogeant sur ce point au droit commun, nous devons
admettre le principe des art. 1184 et 1654 du Code
civil, aussi bien en matière de ventes judiciaires
que pour les ventes volontaires.

Mais tout en reconnaissant que l'adjudicataire
devient propriétaire sous condition résolutoire,
sommes nous donc forcé de déclarer éteints, en cas
de revente sur folle enchère, les droits qu'il pouvait
avoir sur la chose? Non, sans doute : les ventes
forcées sont, comme toutes les autres, soumises à la
condition résolutoire du non payement du prix. La
folle enchère, quoiqu'en se distinguant de l'action
en résolution du vendeur, n'en est pas moins fondée sur le même principe.

En conséquence, la résolution du droit du fol enchérisseur aura pour effet de remettre les parties dans l'état où elles se trouvaient avant la vente ; les droits réels qui appartenaient à cet acquéreur imprudent revivront.

Mais ces conséquences ne sont pas admises par tous ceux qui reconnaissent avec nous que le principe de la résolution est applicable à la folle enchère, et ici se place un troisième système, dans lequel on soutient que les droits réels qui appartiennent à l'adjudicataire fol enchérisseur ne doivent pas revivre. La résolution, dit-on, a été prononcée contre lui, par sa faute ; or, d'après l'art. 1178 du Code civil, la condition doit être réputée accomplie, lorsque c'est le débiteur, obligé sous cette condition, qui en a empêché l'accomplissement. De même qu'en cas de vente volontaire résolue pour non payement du prix, en cas de donation révoquée pour ingratitude, les servitudes actives et les hypothèques appartenant à l'acquéreur ou au donataire (Pothier, hyp., n° 178), sont définitivement éteintes, de même ici, où une faute est imputable au fol enchérisseur, les droits réels qu'il possédait doivent être considérés comme définitivement perdus par suite de la confusion.

Nous ne croyons pas ce système exact, même en en ce qui touche les aliénations volontaires. La résolution qui s'opère en vertu de l'art. 1184, vient toujours *ex causa antiqua et necessaria* ; il n'est donc pas permis, comme on a prétendu le faire, de dire que la cause de l'éviction est postérieure au contrat.

Quant à l'argument tiré de l'art. 1178, il ne peut nous toucher, puisque dans notre hypothèse, la condition s'accomplit, que ce soit ou non par la faute du débiteur.

Nous en concluons, avec la satisfaction de voir notre opinion conforme à l'équité, que les droits réels qui appartenaient au fol encherisseur revivront avec la résolution du contrat.

§ 3. *Les obligations du fol enchérisseur survivent.*

Ainsi que nous l'avons dit, les obligations que le fol enchérisseur avait contractées par l'adjudication sur saisie, ne sont pas éteintes même après l'adjudication sur folle enchère.

L'adjudicataire primitif est tenu de la différence entre son prix et celui de la revente sur folle enchère. C'est ce que nous apprend l'art. 740 du Code de procédure civile, qui est ainsi conçu :

Art. 740. « Le fol enchérisseur est tenu, par corps, de la différence entre son prix et celui de la revente sur folle enchère, sans pouvoir réclamer l'excédant, s'il y en a ; cet excédant sera payé aux créanciers, et, si les créanciers sont désintéressés, à la partie saisie. »

On voit que deux cas sont prévus par cette disposition. Dans l'un, elle suppose le prix de la seconde adjudication inférieur à celui de la première ; dans l'autre, le second prix est au contraire plus élevé. Examinons tour à tour chacune de ces deux hypothèses.

I. Le fol enchérisseur est tenu de la différence en moins sur tous ses biens présents et à venir. C'est une application naturelle du principe de l'art. 2092 (C. civ.) aux termes duquel « quiconque s'est obligé personnellement, est tenu de remplir son engagement sur tous ses biens. »

Mais à quel titre le fol enchérisseur doit-il cette différence ? Est-ce comme complément du prix et faut-il en conséquence l'attribuer aux seuls créanciers hypothécaires ?

On l'a nié, en prétendant qu'il ne s'agissait là que de dommages intérêts. A cet effet, on allègue que puisque la revente sur folle enchère efface la première adjudication, la différence du prix a son principe dans la condamnation prononcée contre le fol enchérisseur et non dans cette vente ; et on en conclut alors que tous les créanciers du saisi doivent indistinctement profiter de cette différence.

Cette conclusion, suivant nous, n'est pas exacte.

Nous avouons, si l'on veut, que c'est à titre de dommages intérêts que le fol enchérisseur est tenu, mais ces dommages intérêts ne doivent profiter qu'aux créanciers qui ont éprouvé un préjudice par l'inexécution des obligations du fol enchérisseur.

De préjudice éprouvé, il n'y en a eu bien évidemment que pour les créanciers hypothécaires inscrits qui pourront seuls en conséquence profiter de cette différence. La loi et l'équité le veulent ainsi.

II. L'immeuble a été revendu sur folle enchère à un prix supérieur à celui de la première adjudication. A qui profitera la différence en plus ? La loi nous le dit : *aux créanciers ou s'ils sont désintéressés, à la partie saisie.* » Quant au fol enchérisseur, il ne pourra jamais réclamer cet excédant. Il serait étrange, en effet, qu'il tirât un profit de son manque de foi, de l'inexécution de ses engagements. Tout cela va de soi. La difficulté commence sur le point de savoir si dans cette hypothèse d'une différence en plus, le fol enchérisseur est déchargé de son obligation, quels que soient les événements ultérieurs ?

La Cour de cassation a depuis longtemps décidé la négative. Voici par quels motifs :

« Attendu qu'aux termes de l'art. 744 C. pr. (nouv. art. 740), le fol enchérisseur est tenu, par corps, de la différence de son prix d'avec celui de la revente sur folle enchère ; — que par ces mots *prix de la revente*, le législateur n'a entendu et pu entendre que le prix sérieux et effectif qui réalisera, seul, au profit des créanciers du saisi, un gage pécuniaire sur lequel ils puissent faire valoir utilement les créances qui ont été les causes de la poursuite d'expropriation forcée ; — que le payement par corps, de la différence qui existe entre le prix de la revente et celui déjà obtenu par l'adjudication qui a terminé la poursuite de saisie immobilière, est la juste punition de la témérité de l'adjudicataire ; — que, si la position d'un premier adjudicataire, fol enchérisseur, ne doit pas être aggravée par la témérité d'un second, il est également visible que le fait de celui-ci ne saurait améliorer la position du premier, jusqu'au point de l'exonérer complétement des suites de sa propre témérité ; ce qui, dans le cas d'insolvabilité du second adjudicataire, priverait les créanciers des droits que déjà et par le seul fait du premier adjudicataire, ils avaient acquis contre lui...» (arrêt du 25 fév. 1835).

Pour soutenir la thèse contraire, on dit : l'effet de la folle enchère est de résoudre l'adjudication primitive, et l'art. 740 ne modifie en rien ce résultat, au contraire : Si le montant de la nouvelle adjudication excède le prix de la première, cet excédant n'appartiendra pas au fol enchérisseur. Comment expliquer d'une manière plus formelle qu'il a cessé d'être adjudicataire, d'être propriétaire, que ce n'est pas sur lui que la vente nouvelle s'est opérée, que c'est le bien du saisi qui est mis en vente ? Cet excédant sera payé aux créanciers ou, si les créanciers sont désintéressés, à la partie saisie.

L'interprétation de la cour suprême, ajoute-t-on en outre, n'aurait-elle pas pour effet de donner au mot *prix* une signification exceptionnelle, *extrajuridique*, que le législateur n'aurait probablement pas adoptée sans faire connaître à cet égard sa pensée d'une manière non équivoque ? Le *prix* d'une chose en effet, dans le langage du droit, c'est la somme

stipulée dans le contrat, comme formant *l'èqui-*
valent de l'objet vendu, soit qu'elle ait déjà été
comptée, soit qu'elle ne l'ait pas été. Or, le premier
contrat étant anéanti, il n'y a plus de prix, puisqu'il n'y a plus de vente; le fol enchérisseur est
uniquement tenu de payer des dommages intérêts
que la loi a elle même évalués à la différence entre
le prix de son adjudication et celui de la revente : on
ne peut sans injustice lui demander au delà.

Enfin, dit-on encore, le raisonnement de l'arrêt
est dangereux, car il ajoute à une disposition
déjà rigoureuse, puisqu'on est forcé de convenir
que le payement dont il s'agit est une espèce de
peine imposée à un homme inconsidéré. La loi
a prononcé contre lui l'obligation de payer une
différence entre le prix de sa vente et celui de la
revente sur la folle enchère poursuivie contre lui,
et la Cour de cassation le rend responsable de la
solvabilité de tous les acquéreurs successifs de
l'immeuble saisi, pendant une période de trente
années. La loi n'a en rien modifié les principes qui évidemment prononcent la résolution
d'un acte de vente, faute d'accomplissement des
conditions de la vente, et la Cour de cassation, ne
consent à regarder la vente comme résolue, qu'autant qu'il y aura enfin un adjudicataire qui conservera l'immeuble et en payera la valeur. La loi a été
sévère ; mais au moins on aperçoit le terme de
l'anxiété du fol enchérisseur ; il sera tenu de la différence entre les deux prix, et, s'il y a excédant il

est libéré. La Cour de cassation prolonge indéfiniment l'incertitude de cette position, et la rend mille fois plus dure, par cela même qu'elle n'indique pas le délai après lequel le fol enchérisseur n'aura plus à se préoccuper des conséquences de sa folle enchère.

Malgré toutes ces raisons, nous ne pouvons admettre cette doctrine :

Il est incontestable sans doute, et nous nous sommes déjà expliqué sur ce point, que la revente sur folle enchère résout les droits de l'adjudicataire primitif, mais on oublie qu'elle ne résout pas ses obligations ; et cependant, l'art. 740 prend soin de le rappeler en prévoyant un cas où le fol enchérisseur reste tenu même après la revente sur folle enchère. Sans doute l'art. 740 aurait pu être plus explicite mais à cet égard le raisonnement de la Cour de cassation nous semble concluant ; et dans tous les cas l'esprit de la loi doit servir à en interpréter le texte et il est clair que c'est se conformer à la pensée du législateur que d'assurer au vendeur ou à ses créanciers, le payement intégral du prix de la première adjudication.

Nous savons comment l'art. 740, pour punir le fol enchérisseur de sa témérité, ne veut pas qu'il puisse profiter de l'excédant du prix de la seconde vente sur celui de la première. Cet article est formel et doit être, pensons-nous, appliqué dans tous les cas.

Supposons, par exemple, que des immeubles ont été adjugés, par des adjudications séparées, au même adjudicataire, et que sur une revente par suite de folle enchère des mêmes objets, faite aussi par adjudication séparée, il se trouve que le prix de quelques uns des articles est plus fort, et celui de quelques autres plus faible que celui de la première adjudication ; il ne saurait, croyons-nous, y avoir lieu à compensation en faveur du fol enchérisseur. On a prétendu le contraire en invoquant l'équité et en disant qu'il serait injuste de permettre au vendeur ou à ses créanciers, alors qu'ils ont trouvé une indemnité dans la vente même, d'en exiger encore une du fol enchérisseur.

Cela est possible, mais le texte est formel et comme nous l'avons dit s'applique à tous les cas.

§ 4. Des indemnités qui peuvent être dues au fol enchérisseur, ou dont il doit tenir compte.

Nous traiterons sous cette rubrique des améliorations faites par le fol enchérisseur, des frais de poursuite, et des fruits qu'il a pu recueillir depuis l'adjudication prononcée à son profit.

1° Améliorations faites par le fol enchérisseur. — Il est évident que le fol enchérisseur n'a pas droit au remboursement des impenses qui peuvent avoir amélioré l'immeuble, lorsque l'adjudication sur folle enchère ne produit qu'une somme inférieure à celle de l'adjudication primitive. Bien au contraire, nous savons qu'il *est tenu par corps* de cette différence de prix.

Mais que décider dans le cas où la seconde adjudication produit un prix supérieur à celui de la première?

Nous supposerons d'abord qu'il est constant que l'augmentation de prix n'a eu pour cause que la plus value résultant des impenses faites par le fol enchérisseur. Dans ce cas, pourrait-on se prévaloir contre le fol enchérisseur, de l'art. 740, aux termes duquel le fol enchérisseur ne peut réclamer l'excédant quand il y en a ? — Une telle décision serait bien rigoureuse dans tous les cas, et contraire à l'équité puisque des créanciers qui sont déjà garantis du payement de la totalité du prix de l'adjudication par les mesures rigoureuses que la loi autorise, pourraient encore profiter des dépenses faites de bonne foi par l'adjudicataire et qui ont accru la valeur de l'immeuble.

Il est bien vrai que l'art. 740, pris dans son texte littéral, semble repousser cette interprétation d'équité, mais il nous semble évident que cet art. 740 ne statue que pour le cas le plus ordinaire, celui où l'immeuble fol enchéri n'a pas changé de nature. Cet article suppose la transmission de l'immeuble soumis à la folle enchère, dans son état naturel et primitif, avec les seules améliorations que le temps et les conditions des ventes peuvent apporter; et non des impenses et constructions élevées à grands frais. Nous avons même reconnu plus haut, que cette disposition de l'art. 740 avait un caractère exceptionnel et pénal; qu'il ne faut donc l'appliquer qu'aux cas prévus par la loi. Cette disposition a en effet pour objet de punir dans le fol enchérisseur la témérité d'une spéculation déloyale, et de l'empêcher de réaliser un lucre immérité; mais elle laisse sous l'empire du droit commun la question des impenses et constructions du fol enchérisseur.

Quels sont donc les principes généraux du droit au sujet des impenses faites par le propriétaire sous condition résolutoire?

Nous considérons que l'art. 555 du code civil est étranger au règlement de cette question. Cet article suppose en effet des constructions faites par un possesseur, tandis qu'il s'agit dans notre espèce, d'améliorations faites par un propriétaire sous condition résolutoire. Or, on peut induire des art. 861, 862 et 1673 qu'un tel propriétaire a droit à être indemnisé.

En effet, d'une part, les art. 861 et 862 déclarent qu'il doit être tenu compte à l'héritier donataire, soumis au rapport, des impenses qu'il a faites, soit pour la conservation, soit pour l'amélioration de la chose. D'autre part, l'art. 1673 soumet le vendeur à réméré à l'obligation de rembourser à l'acheteur les réparations nécessaires et celles qui ont augmenté la valeur du fonds jusqu'à concurrence d'une augmentation.

L'idée du législateur est suffisamment manifestée

par ces deux dispositions et nous croyons qu'il faut en principe en étendre l'application à tous les propriétaires sous condition résolutoire, à moins que des considérations spéciales ne permettent pas cette décision favorable.

Il nous paraît donc certain que l'art. 740 en réservant aux créanciers du saisi et au saisi lui-même à leur défaut, la totalité d'un immeuble qui était le gage des uns et la propriété de l'autre, ne leur donne pas la plus value résultant des impenses et constructions qu'ils n'ont point faites, au détriment d'un possesseur dont la bonne foi même est attestée par ses travaux et ses sacrifices, et dont les efforts ont pu être trahis par des événements et des circonstances étrangers à ses prévisions et indépendants de sa volonté.

2° *Frais de poursuite.* — L'art. 740 en statuant que le fol enchérisseur n'a aucun droit à l'excédant du prix de la revente, ne peut avoir pour conséquence, lorsqu'il n'y a pas de différence, et à plus forte raison lorsqu'il y a excédant, de lui faire perdre ce qu'il a payé sur ce prix, soit entre les mains des créanciers inscrits, soit entre les mains de la partie saisie. A notre sens, il doit donc être remboursé non-seulement de ce qu'il a payé sur le prix de son adjudication, mais encore des frais de poursuite que le cahier des charges l'obligeait à payer au créancier poursuivant. C'est encore pour les mêmes motifs que l'adjudicataire sur folle enchère est tenu de rembourser au fol enchérisseur les droits d'enregistrement et autres de cette nature qu'il aurait payés. Nous verrons en effet comment l'adjudication sur folle enchère se substitue à l'adjudication primitive, de telle sorte qu'il n'y a qu'une seule mutation susceptible d'un seul droit proportionnel et qui ne saurait être payé que par l'adjudicataire sur folle enchère, le seul qui recueille l'avantage de cette mutation de propriété.

C'est encore pour les mêmes raisons que les frais de la saisie immobilière, à la suite de laquelle a été prononcée la première adjudication, ne sauraient sans injustice rester à la charge du fol enchérisseur, puisqu'il n'a contribué en rien à les augmenter.

Quant aux frais payés par le fol enchérisseur et qui par suite de la seconde vente ne peuvent être d'aucune utilité, ni pour le saisi, ni pour les créanciers, ils doivent être nécessairement supportés par le fol enchérisseur, qui se trouve les avoir occasionnés en pure perte. Ainsi, les frais de l'élection de command, ceux de la grosse du jugement d'adjudication qui avait été délivrée au fol enchérisseur, et qui ne saurait former le titre du nouvel adjudicataire, doivent rester à la charge du fol enchérisseur.

Il paraît encore juste de faire supporter par le fol enchérisseur les frais de poursuite de la revente sur folle enchère puisque c'est lui qui les a nécessités par l'inexécution de ses engagements; et le moyen de parvenir à ce résultat, sans ajouter à la loi, c'est de considérer ces frais, lors même qu'ils sont payables en sus du prix, comme en faisant partie;

en telle sorte que la différence en moins entre les deux adjudications doit s'accroître du chiffre de cet accessoire. On devra même dans la pratique recous rir presque toujours à cette voie indirecte, car il arrive bien souvent que les frais n'ont pas été payé par le fol enchérisseur avant les poursuites dirigées contre lui.

3º *Fruits*. — Le fol enchérisseur doit-il tenir compte des fruits qu'il a recueillis avant la revente ?

La solution de cette question est subordonnée au parti que l'on adopte sur le point de savoir si la condition résolutoire, décrétée par l'art. 1184, produit, lorsqu'elle se réalise, la même rétroactivité que les autres conditions ? Et surtout s'il faut excepter, comme pour les autres conditions, de cet effet rétroactif, en même temps que les actes d'administration, l'acquisition des fruits ?

La rétroactivité, nous l'avons admise en principe ; mais de graves dissidences s'élèvent par rapport aux fruits. Doit-on, en ce qui les concerne, appliquer l'effet rétroactif?

D'après l'opinion qui paraît prévaloir dans la jurisprudence et dans la doctrine, l'effet rétroactif de la condition doit être appliqué à l'acquisition des fruits ou des intérêts ; si bien que dans le cas où un contrat est résolu pour cause d'inexécution des obligations, qu'il imposait à l'une des parties, les restitutions réciproques auxquelles la résolution donne naissance, doivent comprendre, non seulement le fonds ou le capital, mais encore les fruits ou les intérêts qui ont pu être perçus *medio tempore*, par chacune des parties.

Nous pensons pourtant qu'il faut, dans l'espèce de condition résolutoire dont s'occupe l'art. 1184 aussi bien que dans les autres conditions, excepter l'acquisition des fruits et des intérêts de l'effet rétroactif que l'art. 1179 y attache, après son accomplissement.

Et d'abord, cette proposition nous paraît incontestable, en ce qui concerne les tiers, fermiers, locataires ou débiteurs quelconques, qui auraient *medio tempore*, payé à l'acquéreur le montant des fermages, loyers, ou intérêts dus par eux.

En effet, la perception des fruits a été de la part de l'acquéreur, un acte d'administration. Or les actes d'administration, tout le monde en convient, sont maintenus, malgré la rétroactivité de la condition.

Ajoutons que l'acheteur était en possession de la créance et qu'il pouvait contraindre les débiteurs à s'acquitter entre ses mains ; les payements effectués par ceux-ci sont donc valables, conformément à l'art. 1240 du Code civil.

Mais il faut aller plus loin et déclarer que l'effet rétroactif de la condition résolutoire ne doit pas, même entre les contractants et leurs ayants cause, être appliqué aux actes de jouissance et à l'acquisition des fruits.

Nous n'entrerons pas dans l'examen de la controverse qui règne sur ce point.

Le système que nous avons adopté, nous paraît à la fois le plus équitable, le plus juridique et le plus pratique.

Nous appliquerons naturellement au fol enchérisseur la décision que nous admettons pour l'acheteur volontaire. Le fol enchérisseur conservera donc les fruits ; il les a définitivement gagnés ; mais bien entendu, il sera comptable des intérêts de son prix depuis le jour de l'adjudication (art. 1652).

§ 5. *De la purge.*

On sait qu'aux termes de l'art. 2179 du Code civil, le tiers détenteur d'un immeuble grevé de priviléges ou d'hypothèques, devenus efficaces à son égard, peut, en offrant aux créanciers privilégiés ou hypothécaires le prix de cet immeuble ou sa valeur estimative, prévenir ou arrêter les poursuites auxquelles l'exposerait l'exercice du droit de suite. C'est ce qu'on appelle la faculté de purger. Dans le cas d'expropriation forcée, les créanciers hypothécaires et privilégiés étant appelés à prendre part à la procédure, la purge s'opère en même temps que l'aliénation. Mais il en est autrement en matière d'aliénation volontaire ; alors en effet, le prix ayant été fixé sans la participation des créanciers hypothécaires, ne saurait leur être imposé comme étant l'exacte représentation de la valeur du gage.

Il en est ainsi même dans le cas où la vente a été faite sous l'autorité de justice, avec enchères et sur affiches, ainsi que cela a lieu lorsque les biens appartiennent à des mineurs ou à des interdits (art. 953 et suiv. C. pr.), à une femme dotale (art. 1558 C. civ.), à une succession vacante (art. 1001 C, pr.) ou acceptée sous bénéfice d'inventaire (art. 988 C. pr.), ou enfin sauf dans ce dernier cas une vive controverse, à un failli. Dans ces divers cas il est vrai, la vente étant publique, les créanciers peuvent chercher à exciter la chaleur des enchères, au besoin enchérir eux-mêmes ; mais comme ils n'y sont point appelés, il se peut qu'en fait la vente ait lieu à leur insu ; on ne les admet pas d'ailleurs à requérir des modifications au cahier des charges. Aussi est-il reçu sans contestation (le cas de faillite excepté), que tout adjudicataire, autre que l'adjudicataire sur saisie, est soumis aux formalités de la purge, de même qu'un acquéreur ordinaire.

Il faut ajouter que toutes les adjudications sur surenchère entraînent virtuellement la purge des hypothèques en vertu de la règle *surenchère sur surenchère ne vaut.*

Mais en est-il de même de la revente sur folle enchère? La question ne se pose pas lorsque la folle enchère s'est produite après une adjudication sur saisie, puisqu'alors les hypothèques se trouvent purgées. Elle s'élève au contraire dans les autres ventes judiciaires; la purge virtuelle ne résultant pas alors de l'adjudication, on a pu soutenir, ou que le nouvel adjudicataire après folle enchère était dispensé des formalités de la purge, ou au contraire qu'il était tenu de les accomplir.

Pour nous, nous n'hésitons pas à adopter ce dernier parti. Nous avons déjà répété bien des fois que l'adjudication sur folle enchère conservait le caractère de l'adjudication primitive; en conséquence la purge virtuelle des hypothèques n'est pas plus attachée à l'une qu'à l'autre. Sur les notifications qui leur seront adressées conformément aux articles 2181 et suivants du Code civil, les créanciers hypothécaires auront, dans les quarante jours, le droit de surenchérir d'un dixième.

Nous devons avant de terminer sur ce point signaler un système intermédiaire qui rejette la surenchère du sixième, mais qui ne reconnaissant pas à l'adjudication sur folle enchère la vertu de purger les hypothèques, autorise par conséquent la surenchère du dixième de la part des créanciers hypothécaires :

« Il n'est pas permis de conclure, disent (MM. Aubry et Rau, III, § 293 *bis.*), note 14, par analogie, de la surenchère du sixième, qui est accordée à toute personne indistinctement, et qui ne découle pas d'un droit préexistant, à la surenchère du dixième, réservée aux seuls créanciers hypothécaires, comme conséquence de leur droit de suite. En faisant cesser la surenchère du dixième après une revente sur folle enchère, on porterait atteinte aux droits des créanciers hypothécaires qui se trouveraient déchus de la faculté de surenchérir, sans avoir été mis, soit directement, soit indirectement, en demeure de l'exercer. Ce résultat se produit, il est vrai, en vertu de la règle *surenchère sur surenchère ne vaut*, lorsqu'une vente volontaire, faite en justice, a été suivie d'une nouvelle adjudication sur surenchère du sixième; mais il s'explique alors par la considération que cette surenchère a dù, très-vraisemblablement, porter le prix de l'immeuble à sa véritable valeur, et rendre ainsi inutile une seconde surenchère, tandis qu'à l'inverse le prix de revente sur folle enchère est ordinairement inférieur à celui de la première adjudication, et rend d'autant plus précieuse la faculté de surenchérir, que le recours ouvert contre le fol enchérisseur par l'art. 740 du Code de procédure est la plupart du temps illusoire, »

Encore une fois, nous allons plus loin que MM. Aubry et Rau; — nous autorisons dans les adjudications sur folle enchère, même la surenchère du sixième.

CHAPITRE VI

DU DROIT FISCAL EN MATIÈRE DE FOLLE ENCHÈRE

Dans les principes de l'ancienne jurisprudence, la folle enchère avait été l'objet d'une très-vive controverse, au point de vue des droits auxquels elle donnait ouverture. Impliquait-elle l'existence de deux ventes succesives, donnant ouverture chacune à un droit particulier ; ou formait-elle avec la précédente adjudication une seule vente rendant un seul droit exigible? — Tel était l'objet de cette controverse.

Néanmoins l'idée d'une seule vente semblait prévaloir ; du moins elle était admise, de la manière suivante, sous la législation du centième denier : « Si faute de consignation dans le temps de l'ordonnance, on procède incontinent à une nouvelle adjudication à la folle enchère du premier adjudicataire, il n'y a qu'une mutation effective, de laquelle le droit du centième denier doit être exigé seulement ; en sorte que s'il a été payé pour la première, la seconde n'y est sujette qu'à raison de l'augmentation du prix, s'il s'en trouve ; mais si le prix de la seconde est inférieur à celui de la première, l'excédant du droit ne doit pas être restitué ;

c'est une partie des frais de la folle enchère que supporte le premier adjudicataire. Si ce premier adjudicataire a été fait propriétaire et qu'il ait joui, il est incontestablement dû deux droits. » (Dictionnaire des Domaines V° adjudication à la folle enchère.)

Loi du 22 frimaire de l'an VII sur l'Enregistrement. — Nous distinguerons deux hypothèses : Celle où le prix de l'adjudication à la folle enchère n'est pas supérieur au prix de la précédente adjudication, et celle où le prix de la seconde adjudication a excédé le prix de la première.

L'article 68 § 1 n° 8, n'assujettit qu'au droit fixe de 1 fr., « *les adjudications à la folle enchère, lorsque le prix n'est pas supérieur à celui de la précédente adjudication, si elle a été enregistrée.* »

Et au contraire on lit dans les paragraphes 5 et 7 de l'article 69 : « *Les adjudications à la folle enchère sont assujetties au même droit (2 ou 4 pour 100, suivant qu'il s'agit de meubles ou d'immeubles), mais seulement sur ce qui excède le prix de la précédente adjudication si le droit en a été acquitté.* »

I. Quant à la première disposition. l'interprétation et l'application n'en sont réellement pas susceptibles de difficulté. Dès que le droit proportionnel a été payé sur la première vente, l'adjudication à la folle enchère ne peut plus être passible que d'un simple droit fixe.

Ce droit que l'art. 68 § 1 n° 8 de la loi de l'an 7,

avait établi à 1 fr., a été porté ensuite à 3 fr., par la loi du 28 avril 1816, art. 44, nº 1, si le nouveau prix n'est pas supérieur à celui de la première adjudication.

II. Nous avons cité plus haut la disposition de la loi du 22 frimaire qui a trait au droit proportionnel (art. 69 § 7, nº 1). Elle dispose que la revente à la folle enchère et la première adjudication ne forment qu'une seule mutation effective ; — que la seconde adjudication a pour effet d'effacer la première ; et c'est pour cela qu'elle établit un seul droit qui est à la charge du second adjudicataire.

Si donc le fol enchérisseur a payé le droit de mutation par lui encouru, il peut, en principe général, répéter le montant de ce droit contre le second acquéreur dont il a fait l'affaire, et de même que dans ses rapports avec le précédent propriétaire ou ses ayants cause, il ne supporte en définitive (si le second adjudicataire est solvable) que la *différence entre son prix et celui de la revente,* il ne doit supporter aussi, en définitive, pour ce qui est de l'impôt des mutations, que la différence entre le droit de son adjudication, et le droit de la revente.

Mais le recours qu'il peut avoir contre le second adjudicataire n'empêche pas qu'il ne demeure personnellement tenu envers l'administration du montant des droits encourus par sa propre adjudication.

D'où il suit : 1º que s'il n'a pas payé dans le délai fatal de l'art. 20 de la loi de frimaire, il encourt à tout événement le droit en sus non seulement sur la différence entre son prix et celui de la revente, mais sur la totalité de son prix.

2º Si le second adjudicataire est insolvable, l'administration peut poursuivre le fol enchérisseur non-seulement pour le droit en sus, mais pour le droit dû originairement sur l'intégralité de son prix. Cette proposition est virtuellement contenue dans la précédente, car on ne peut être poursuivi pour un droit en sus, si l'on n'est débiteur du droit primitif.

Ces solutions découlent du principe que nous avons tant de foi répété, à savoir que la revente sur folle enchère résout les droits de l'acquéreur primitif, mais non ses obligations. Ce qui a été décidé pour son obligation quant au prix, doit être aussi bien décidé pour son obligation quant à l'impôt, accessoire du prix. Tout cela est sévère, mais exact.

Toutefois, n'exagérons pas cette sévérité.

La revente sur folle enchère, ne résout pas les obligations du fol enchérisseur, mais elle résout les droits qui avaient reposé sur sa tête. C'est comme débiteur du prix qu'il est tenu de payer l'enregistrement.

Mais quand il ne s'agit plus d'assurer le payement du prix, le fol enchérisseur peut invoquer à son avantage, comme on peut invoquer à son détriment, les effets ordinaires de la résolution de son titre.

Si le fol enchérisseur vient à mourir et « que la revente ait lieu dans les six mois de son décès » (art. 24 de la loi de frimaire), ses héritiers ne sont tenus d'aucun droit de mutation par décès à raison des fonds du fol enchéri.

Si la revente n'a pas lieu dans les six mois, les héritiers peuvent être poursuivis; s'ils paient ils ne peuvent répéter (art. 60). Mais si en fait ils n'ont pas encore payé au moment de la revente, ne sont-ils pas quittes du droit de mutation par décès puisque, après la résolution de la propriété de leur auteur, il n'existe plus contre eux *ni cause ni base de perception.*

En somme, on comprend la rigueur de la loi et la sévérité de la jurisprudence contre le fol enchérisseur, en tant qu'il s'agit de l'exécution de son obligation quant au prix et quant à l'impôt, accessoire du prix.

Mais dès qu'il ne s'agit plus de la stricte exécution du contrat d'adjudication, il n'y a plus lieu, à tout autre égard, de diviser les effets ordinaires de la résolution du titre, et puisque le fol enchérisseurn'a pas les avantages de la propriété, il n'en doit pas supporter les charges.

TABLE DES MATIÈRES

DE L'ACTION FINIUM REGUNDORUM

TABLE DES MATIÈRES

DE LA FOLLE ENCHÈRE

—25— Paris. — Imprimerie F. PICHON, 14, rue Cujas.

PARIS. — IMPRIMERIE F. PICHON, 14, RUE CUJAS.